Leben am Abgrund

MARINO RESTREPO

Leben am Abgrund

Eine dramatische Umkehr

MIRIAM VERLAG

Widmung

Für unseren Herrn Jesus Christus,
der mich aus der Dunkelheit rettete
und ins Licht führte.
Für meine Kinder Nicholas und
Santiago, die Dunkelheit und Licht
mit mir teilten.
Zur Ehre der Katholischen Kirche
und der Mission der „Pilgrims of Love".

Titelfoto:
iStockphoto LP, 200
1240 20 AVE SE, Calgary,
Alberta, T2G 1MB
Canada

1. Auflage: März 2013

Alle Rechte der deutschen Ausgabe
liegen beim Miriam-Verlag
D-79798 Jestetten
www.miriam-verlag.de
Satz & Druck: Miriam-Verlag
Printed in Germany

ISBN 978-3-87449-392-5

Inhaltsverzeichnis

Vorwort

Es ist eine große Befriedigung für mich, das Vorwort zu diesem aufrichtigen und mutigen Glaubenszeugnis schreiben zu dürfen, das voller Demut und Liebe zur Wahrheit ist. Diese Eigenschaften werden im ersten Teil des Buches offensichtlich verneint, im zweiten Teil des Buches jedoch gänzlich bejaht. Es ist eine Auferstehung, die nicht geschehen wäre, wäre ihr nicht ein Sterben vorausgegangen.

Drei Referenzstellen können den Leser dazu bringen, über die Liebe Gottes nachzudenken, die heute die Herzen der Menschen am Leben erhält. Diese Texte stammen von dem Apostel Petrus, dem heiligen Augustinus und dem heiligen Johannes vom Kreuz – und sind zweitausend, sechzehnhundert und fünfhundert Jahre alt.

„Alle haben gesündigt und die Herrlichkeit Gottes verloren. Ohne es verdient zu haben, werden sie gerecht, dank seiner Gnade, durch die Erlösung in Christus Jesus. Ihn hat Gott dazu bestimmt, Sühne zu leisten mit seinem Blut, Sühne, wirksam durch den Glauben. So erweist Gott seine Gerechtigkeit durch die Vergebung der Sünden, die früher, in der Zeit seiner Geduld, begangen wurden. Er erweist seine Gerechtigkeit in der gegenwärtigen Zeit, um zu zeigen, dass er gerecht ist und den gerecht macht, der an Jesus glaubt" (Röm 3,23–26).

„Du wärest für immer tot, wenn Er nicht in der Zeit geboren wäre. Nie wärst du vom Fleisch der Sünde erlöst worden, wenn Er nicht Fleisch angenommen hätte, das

dem der Sünde ähnlich ist. Du hättest dich für immer in einem Zustand des Elends befunden, wenn Er nicht mit dir Erbarmen gehabt hätte. Du wärest nicht zum Leben zurückgekehrt, wenn Er nicht deinen Tod mit dir geteilt hätte. Du wärest ohnmächtig gewesen, wenn Er dir nicht zu Hilfe gekommen wäre. Du wärest verloren gegangen, wenn Er nicht gekommen wäre" (Augustinus von Hippo. Predigten zum Weihnachtsfest – Sermones 185, PL 38).

„Wahrhaftig! Diese Seele ist für alles andere verloren außer für die Liebe, da ihr Leben allein der Liebe hingegeben ist. Deshalb vermindern sich aktives Leben und äußeres Handeln zugunsten dieses einen, das ihr Geliebter für notwendig erachtet: Die Gegenwart der Liebe Gottes und das beständiges Wirken in ihr" (Nach Kommentaren zu Johannes vom Kreuz, Strophe 8, Geistlicher Gesang).

Als Marino siebenundvierzig Jahre alt war, erhellte das Licht Gottes seine brillante künstlerische Karriere und ließ ihn seine eigene Dunkelheit und die der Menschen, die ihn seiner Freiheit beraubt hatten, erkennen. Paradoxerweise verwandelte sich dieser Verlust durch das barmherzige Geschenk Jesu Christi in wahre spirituelle Freiheit. Gott bewirkte in ihm einen solchen radikalen Wandel, dass Marino die Bedeutung seines Lebens erkannte und es neu auf ein freudiges Apostolat ausrichtete. Seitdem wird Marinos Tätigkeit auf bemerkenswerte Weise durch göttliche Inspiration unterstützt. Die Warmherzigkeit, der Rat und der Geist der Kirche vermitteln ihm die nötige Sicherheit und Lehrautorität. In all seinen Vorlesungen ist Marino darauf aus, begeisterten Priestern Rat zu erteilen. Immer ist er bereit, sich selbst unter den Willen Gottes zu stellen und diesen in seinem Leben zu erfüllen und so denen ein Vorbild zu sein, die sich von seinem Zeugnis mitreißen ließen und sich zu Tausenden der Erneuerungsbewegung in verschiedenen Ländern angeschlossen haben.

Ich danke Marino für seine Freundschaft und sein mutiges Beispiel.

Rafael Vall-Serra, S.J.
Bogotá, im April 2003

Einführung

Marino wurde im Hochland von Kolumbien geboren. Im Alter von neunzehn Jahre kam er nach Deutschland, studierte Geisteswissenschaften, heiratete und bekam zwei Söhne. Bald unterlag er jedoch der Faszination Hollywoods und nahm alles mit, was Hollywood zu bieten hatte: Erfolg, Geld, Vergnügen, schöne Frauen und New Age. Es ist die Geschichte vom verlorenen Sohn. Im Jahr 1997 kehrte Marino zu einem Besuch in seine Heimat zurück, und bald darauf begann das Drama: Er wurde von Rebellen als Geisel genommen und sechs Monate lang im Dschungel gefangen gehalten. Jeden Moment erwartete er den Tod. Während dieser Gefangenschaft jedoch erlebte er die Liebe Gottes, die sein Leben veränderte. Sie wusch seine Sünden hinweg und berief Marino zu einem Leben, das Zeugnis geben sollte von der Kraft des Glaubens und der Liebe Christi. Es ist nicht nur die Geschichte seiner persönlichen Bekehrung; der Herr hat ihn gerufen, sein Evangelium der Barmherzigkeit in der ganzen Welt zu verkünden.

Diese Geschichte vom verlorenen und wiedergefundenen Glauben, diese Geschichte von der liebevollen Umarmung des Vaters, die Marinos Sünden mit den Tränen des Vaters und dem Blut des Sohnes abwäscht, wurde zu einer Posaune des Heiligen Geistes, die beständig die rettende Botschaft vom Evangelium Christi in der ganzen Welt bezeugt. Ich empfehle diese Geschichte des Glaubens und der Liebe Christi allen aufs Wärmste!

† Bischof Roman Danylak,
Titularbischof von Nyssa, 15. August 2005

Das Zeugnis

Von einer Begegnung mit Gott zu sprechen bedeutet, in die Tiefe des persönlichsten Bereichs des Menschen vorzudringen. Es geht dabei um den Schöpfer – wenn man daran glaubt, dass es einen solchen Schöpfer gibt. Diejenigen, die diesen Glauben nicht haben, mögen meinen, es sei die Rede von einem allumfassenden Gebilde, dass man Gott nennt. Jedenfalls sieht man sich der Schwierigkeit gegenüber, entweder ein tief empfundenes Zeugnis einer Begegnung mit diesem Schöpfer weiterzugeben, oder – glaubt man nicht an einen Schöpfer – eine Illusion.

Es gibt zwei Gründe dafür, eine Gottesbegegnung öffentlich zu bezeugen: Einmal ist es das Bedürfnis, anderen eine übernatürliche Erfahrung mitzuteilen, die man naturgemäß nicht für sich behalten kann. Zum anderen gibt es die göttliche Inspiration, diese von Gott geschenkte Begegnung zu offenbaren, weshalb man gezwungenermaßen all die Lehren, mit denen Gott den Geist durchdrängt hat, in Botschaften weitergibt. Man kann sagen, dass es zu einer Verpflichtung für denjenigen wird, den Gott für eine persönliche Begegnung auserwählt hat, diese Begegnung zum Wohl der Seelen zu verbreiten und zu bezeugen.

Unter den unergründlichen Geheimnissen unseres Schöpfers gibt es Tausende persönlicher Begegnungen mit seinen Geschöpfen. So viele Stellen in der Heiligen Schrift berichten davon. Bedeutung und Zweck der Botschaften hängen eng mit dem zeitlichen Moment der Offenbarung und dem „menschlichen Instrument" zusammen, auf das die Gnade gelegt wird. Einige Ordensleute erhielten Privatoffenbarungen, damit sie für ihre Klöster, ihre Gemeinschaft und für ihre Umgebung eine Leuchte und Quelle geistiger Inspiration sein mögen. Oft werden diese Offenbarungen erst Jahre später bekannt. Wenn eine Offenbarung viele Seelen erreichen soll, empfindet derjenige, der die Botschaft empfängt – der „Überbringer", diese Dringlichkeit und erhält die für die Vollendung seiner Mission notwendigen Gaben. Hierzu gehört die Geschichte, die Sie hier lesen werden. Alles, was ich während meiner Begegnung mit dem Herrn empfing, dient dazu, es all denen mitzuteilen, die von ihm auserwählt wurden, diese Botschaft zu hören.

Das Unglaublichste an dem Zeugnis, das Sie lesen werden, ist, dass es überhaupt nichts Neues enthält; es gibt nichts darin, was nicht schon geoffenbart oder niedergeschrieben wurde. Doch im Gehorsam gegenüber unserem Herrn werde ich davon sprechen. Ich bin mir darüber im Klaren, dass die Wahrheit auf unzählig verschiedene Arten ausgedrückt werden kann; und obwohl es dieselbe Wahrheit ist, scheint sie in jedem Geschöpf neu auf. Wenn man der Wahrheit überdrüssig wäre, könnte man es nicht ertragen, jeden Tag dieselbe alte Sonne oder denselben alten Mond zu sehen. Doch diese immer leuchtenden Gestirne erscheinen uns jeden Tag wie eine neue Sonne und ein neuer Mond.

Die Begegnung, von der ich erzählen möchte, ereignete sich während meiner Entführung, die am 25. Dezember 1997 in Kolumbien begann. Ich möchte den Leser an der mystischen Erfahrung teilhaben lassen, die mich dazu motivierte, dieses Buch zu schreiben. Die politische Lage in Kolumbien und die Gründe, die Aufständische zu solchen Verbrechen veranlassen, haben keinen Einfluss auf diese Geschichte. Deshalb wird nur das über Kolumbien und diese Kriminellen mitgeteilt, was in Zusammenhang mit meiner spirituellen Erfahrung steht. Die Botschaft des Herrn richtet sich an unsere Seele, unabhängig von Nationalität und politischer oder ideologischer Zugehörigkeit. Die einzige Bestimmung der Seele ist die Erlösung oder die ewige Verdammnis.

Ich respektiere alles, was der Leser in Bezug auf dieses Zeugnis an Interpretation, Eindrücken und Standpunkten vorbringt. Ich beabsichtige nicht, jemanden zu überzeugen oder zu bekehren. Ich bin davon überzeugt, dass nur Gottes Gnade uns zu Ihm bringen kann. Wenn der Herr jemanden mit meinem Zeugnis berühren möchte, wird dies allein durch Seine Gnade und Barmherzigkeit geschehen, und nicht dadurch, dass ich meine Geschichte bzw. die Erfahrung meiner Entführung niedergeschrieben habe.

Vor meiner Bekehrung war ich davon überzeugt, auf alle mystischen Dinge eine Antwort zu haben; ich war der Meinung, niemand könne meinen Standpunkt oder meine Lebensweise ändern. Gerade diese Tatsache stärkte mein Interesse daran, dieses Zeugnis niederzuschreiben, denn seit meiner Begegnung führe ich ein Leben im Gehorsam gegenüber Gott und erlebe eine überraschende Wirklichkeit, die mich dazu motiviert, so vielen Menschen wie möglich an meiner Erfahrung teilhaben zu lassen. Ich habe bemerkt, dass ich nicht auf alles eine Antwort habe; ich habe auch erkannt, dass die mystischen Erfahrungen, die ich vor meiner Bekehrung machte, nicht von Gott kamen – sondern aus der Finsternis.

Kolumbien, 12. September 2000

Ich erhielt eine Einladung, bei geplanten katholischen Einkehrtagen Zeugnis zu geben. In dem Moment, da ich die Räumlichkeit betrat, fühlte ich, dass der Herr etwas ganz Besonderes mit mir vorhatte. Nachdem ich Zeugnis gegeben hatte, wurde ich zu Schweigeexerzitien eingeladen, die am 12. September beginnen sollten. Ich wusste, dies würde mir Gelegenheit zu einer dringend benötigten Ruhepause bieten, denn ich hatte seit fast vier Monaten vielerorts im ganzen Land täglich Zeugnis gegeben, manchmal zwei oder drei Mal innerhalb eines Tages. Ich wusste nicht viel über geistliche Einkehrtage; und da ich schon immer einmal an solchen teilnehmen wollte, war es, als ob ein heimlicher Traum wahr werden sollte.

Während des ersten Vortrages sprach der Priester über die Spaltung innerhalb der katholischen Kirche und erklärte, wie augenfällig diese schon bei Priestern und Ordensleuten unterschiedlicher Zweigkirchen zu erkennen ist. Er sprach davon, wie notwendig es sei, dass die Kirche durch Passion, Kreuzigung und Tod gehe, um eine Auferstehung und ein Pfingsten zu erleben, da die Kirche der mystische Leib Christi auf Erden sei. Der Referent sagte: „Die Kirche wird große Strafgerichte und Verfolgungen erleiden, bevor sie gereinigt ist." Mit anderen Worten: Alles, was zu Christus geht, gehört Christus und verwandelt sich in Christus; deshalb durchläuft es einen Prozess der Christuswerdung, ähnlich dem, den Christus selbst erfahren hat.

Als der Priester seinen Vortrag hielt, hatte ich ein sehr tiefes Erlebnis. Es war, als ob alles, was er sagte, bereits in mir war und das vervollständigte und ergänzte, was der Herr zuvor an Informationen in mich hineingelegt hatte. Ich erkannte, dass dies eine wunderbare Gelegenheit war, denn ich fühlte sehr genau, dass der Herr diesen Priester gesalbt hatte und der Geist des Herrn durch ihn sprach.

Diese Begegnung erfüllte mich mit Freude. Mehr noch, sie erinnerte mich an die Zeit nach meiner Bekehrung, als ich zur Kirche zurückkehrte und die unglaubliche geistliche Armut einiger unserer Priester und Ordensleute bedauerte. Obwohl viele von ihnen hoch qualifiziert und gut ausgebildet in Philosophie und Theologie sind, hohe Ämter bekleiden und von umfangreichen Schulungen in Rom, dem Heiligen Land und in den besten Universitäten überall in der Welt profitieren, sind leider trotzdem viele in Bezug auf das übernatürliche Leben unwissend. Es scheint, als ob sie, je besser sie ausgebildet sind, desto weiter von Gott entfernt wären. Das werde ich niemals verstehen, doch ich glaube, es könnte daran liegen, dass der Feind unseres Glaubens da seine Hand im Spiel hat.

Der Vortrag ging weiter und spiegelte meine Gedanken nach der Bekehrung wider, als der Priester über die heutigen Laien zu sprechen begann. In diesem Moment kannte meine Freude keine Grenzen, denn die Ausführungen des Priesters deckten sich mit dem, was der Herr schon in mich hineingelegt hatte. Der Priester erwähnte auch, dass es die Laien seien, die die Priester und religiösen Gemeinschaften wachrütteln werden, damit sie sich nach dem Heiligen Geist ausrichten und miteinander versöhnen.

Während ich diesem Mann Gottes zuhörte, nahm etwas tief in mir Gestalt an: die Gewissheit, dass der Herr mich gerufen hat, um in der Welt herumzureisen und Zeugnis davon abzulegen, dass Er lebt, dass unser Erlöser keine Erfindung einer Gruppe rebellischer Juden vor zweitausend Jahren gewesen ist, und dass die Verfolgung der frühen Christen tatsächlich ein Martyrium war und nicht das Handeln einer Gruppe von Fanatikern. Ich war angetan von der Vorstellung, von all dem Zeugnis abzulegen, und erlebte diesen ersten Exerzitientag mit unglaublicher Freude. Das Schweigen der anderen Teilnehmer leistete einen großen Beitrag zu dieser Erfahrung.

Am nächsten Tag erwachte ich voller Enthusiasmus und begab mich mit meinem Notizbuch und meiner Bibel in den Vortragssaal. Ich schlug mein Notizbuch auf und überflog die Eintragungen des Vortages. Der Priester hatte davon gesprochen, dass der Böse den Plan Gottes zur Rettung des Menschen zu sabotieren versucht. Ein weiteres weitreichendes und sehr wichtiges Thema war, wie die Heilige Dreifaltigkeit sich dem Menschen als perfekte Dreidimensionalität darstellt. Genau in diesem Augenblick fühlte ich die Gegenwart unseres Herrn, der mir sagte, dass diese Notizen auf den ersten Seiten meines ersten Buches stehen werden, zu dem Er mich inspirieren wird.

Angesichts dieser inneren Offenbarungen gewannen die Einkehrtage eine ganz neue Bedeutung; je mehr ich mich darin vertiefte, desto mehr erschloss sich mir eine neue Dimension, voller aufregender neuer Möglichkeiten zur Bereicherung meiner Seele. Deshalb war ich an diesem Morgen, als die Aktivitäten begannen, geistig abwesend. Glücklicherweise geschah dies, als zwei Teilnehmer der Gruppe die Anbetung leiteten. Es war sehr salbungsvoll und eine frohe Stimmung lag in der Luft. Die Kälte des Raumes – es gab keine Heizung – verlieh dem Schweigen der Versammlung noch mehr Intensität und Spannung. Wenn es im tropischen Hochland kalt ist, geht es durch Mark und Bein. Ich war schon immer der Meinung, dass kaltes Wetter die Konzentration bei geistiger Arbeit, die Bedacht und Disziplin erfordert, begünstigt.

Gottes perfekter Zeitplan überrascht uns so manches Mal! Wenn wir es am wenigsten erwarten, berührt Er uns und macht uns zu einem Teil Seiner göttlichen Pädagogik. Manche möchten unbedingt wissen, ob ich während meiner Erlebnisse mit dem Herrn daran gedacht habe, ein Buch zu schreiben. Um ehrlich zu sein: Es war mir niemals in den Sinn gekommen, bis der Herr mich dazu inspiriert hat. Dies zeigt, dass wir uns nicht gegen den Plan Gottes stellen können, sobald wir alles in Seine Hände gelegt haben. Ohne Nachzudenken war ich bereit, dieses Buch zu schreiben. Das Schwierigste dabei war die Überlegung, wie ich beginnen sollte, und ob ich all das, was der Herr in mich hineingelegt hat, verständlich genug ausdrücken kann. Besonders schwierig war es für mich deshalb, weil ich keine Theologie studiert habe und auch den Katechismus nicht besonders gut kannte. Wie dem auch sei, es gab für mich keine Probleme mehr, ich fühlte mich auf einmal ganz sicher in dem Bewusstsein, dass der Geist des Herrn mich bei diesem Unterfangen begleiten werde. Es war klar für mich, dass jeder Tag dieser Exerzitien die ersten Seiten beeinflussen würde.

Mein Zeugnis war für den Freitag dieser Woche angekündigt. Es bewirkte, dass meine Beziehung zu der Gruppe noch enger wurde. Diese Erfahrung ermöglicht es mir auch, dem Leser eine bessere Vorstellung von dem zu geben, was ich in meinem Leben erfahren habe. Unter den unzähligen Bekehrungsberichten, die wir seit dem Aufkommen der Christenheit vor über zweitausend Jahren gehört haben, ist es ein weiteres Zeugnis, mit dem ich damals wie heute die Hoffnung verbinde, dass mein eigenes Leben anderen dabei helfe, sich zu bekehren.

Gott hat eine besondere Art, sich jeden Moment eines jeden Tages all Seinen Geschöpfen zu offenbaren. Auch wenn mein Zeugnis anderen gleicht, führt uns doch jedes authentische Zeugnis zu einer einzigen Bestimmung: unsere Erlösung durch unseren Herrn Jesus Christus. Es ist unmöglich, eine spirituelle Erfahrung nur durch Worte zu vermitteln, oder eine immaterielle und göttliche Dimension auf eine menschliche Ebene zu projizieren. Das wäre etwa wie der Versuch, mit dicken Handschuhen die weiche Haut eines Babys fühlen zu wollen. Nur die Gnade des Heiligen Geistes wird es dem Leser erlauben, die Geheimnisse zu verstehen, die mir geoffenbart wurden – trotz meines beschränkten Wortschatzes und mangelnder theologischer Kenntnisse.

Mit dem Segen unseres Herrn und der Inspiration des Heiligen Geistes – des spirituellen Führers dieser Unternehmung – lade ich den Leser dazu ein, an dieser Begegnung mit dem Herrn teilzuhaben, mit einem frohen und demütigen Herzen und einem offenen Sinn.

Mein Leben in der Welt

Im Jahr 1951 wurde ich in Anserma geboren, einem Ort mit tropischem Charm in den kolumbianischen Anden, der vom Kaffeeanbau lebt. Dort verbrachte ich eine an Leib und Seele gesunde Kindheit, bis ich vierzehn Jahre alt war. Unsere Familie war sehr groß und blickte auf eine katholische Tradition zurück, die einige Generationen zurück reichte. Während meiner Kindheit und frühen Jugend ging ich meinen Aktivitäten auf dem Land und in der Stadt nach und führte ein glückliches Leben. Ich war das sechste von zehn Kindern, der erste überlebende Junge. Meine beiden ältesten Brüder starben sehr jung; drei Brüder und vier Schwestern leben noch. Meine beiden Großväter – mütterlicherseits wie väterlicherseits – waren Patriarchen, die ausgedehnte Kaffeeplantagen besaßen. Sie wurden von vielen geachtet und bewundert und verfügten über politischen und gesellschaftlichen Einfluss, der uns Unterstützung, Chancen und Schutz bot.

Mein Leben in der Kirche war abwechslungsreich und beständig. Da ich die erste Trompete im Schulorchester spielte, hatte ich an allen kirchlichen Prozessionen der Karwoche teilzunehmen – das war zu jener Zeit mein aufregendstes Erlebnis. Mein Heimatort lag auf einer Bergkuppe und wurde von zwei Hauptstraßen durchzogen. Damals waren die Straßen mit Steinen gepflastert, sie sahen aus wie Schluchten, auf beiden Seiten eingerahmt von Häuserzeilen, die bis zum Fuß des Berges reichten. In der Prozession mitzugehen und die Bilder und Statuen der Heiligen zu tragen, war eine echte Herausforderung. Die Statuen mussten von mehreren Männern getragen werden, da sie sehr groß und schwer waren; die meisten sind während der Kolonialzeit aus Spanien hergebracht worden. Wenn die Prozession durch eine dieser steinigen Straßen oder Häuserschluchten führte, bangte man, dass die Leute und die Statuen stürzen und fallen könnten; glücklicherweise passierte nichts, wenigstens in der Zeit, in der ich daran teilnahm.

Die Prostituierten des Ortes schlossen dann gewöhnlich ihre Bordelle für die ganze Woche und nahmen an den Prozessionen teil. Sie legten die Wege auf Knien zurück, weinten und schluchzten ob ihrer Sünden. Am Ostermontag nahmen sie dann ihr normales Geschäft wieder auf, als ob sie ihre Schuld beglichen hätten und einen neuen Kredit aufnehmen könnten. Die restlichen Einwohner taten praktisch dasselbe, da sich ihr spirituelles Leben nach der Karwoche nicht viel änderte, mit Ausnahme derer, die Gott bereits treu ergeben waren. Wie Sie sehen, wuchs ich in einer katholischen Religion auf, die schon damals Zeichen des Verfalls zu zeigen begonnen hatte und mit der Zeit viele von uns in die spirituellen Krise führte, in der sich unsere Kirche heute befindet.

Inmitten dieser religiösen Widersprüche entwickelte sich mein spirituelles Leben mit einer guten Dosis von Aberglauben, einem Erbe der Spanier und auch der Einheimischen. Ich glaube nicht, dass sich mein Fall vom Rest unserer lateinamerikanischen christlichen Kultur unterschied. Wie dem auch sei, ich wuchs in einer Atmosphäre guter Beziehungen zu Verwandten und mit vielen gleichaltrigen Freunden auf. Wir standen uns sehr nahe, da wir in einem kleinen Ort geboren worden waren, in dem jeder jeden kannte. All dies trug zur Festigung meines Charakters bei, der ein wertvolles Werkzeug in meinem Leben werden sollte.

Noch vor meinem fünfzehnten Geburtstag zog ich schließlich nach Bogotá, in die Hauptstadt Kolumbiens, wo ich fünf Jahre lang blieb. Ich heiratete im Alter von zwanzig Jahren, ging nach Hamburg, Deutschland, und verbrachte dort sechs Jahre. Dann ließ ich mich in den USA nieder, wo ich seither lebe.

Die Jahre nach meinem Fortgang aus meinem Heimatort waren geprägt von einem frühen Bruch mit der Familie, mit der Kirche und den alten Wertvorstellungen. Ein bis zwei Jahre, bevor ich meine Heimat verließ, hatte uns der erste Widerhall einer Jugendrevolte aus den Vereinigten Staaten und England erreicht; überall, sogar in so entlegenen Orten wie Anserma, hörte man inzwischen die Musik vonElvis Presley und den Beatles.

Damals gab es nur wenige Massenmedien. In Kolumbien existierte nur ein einziger Fernsehsender, der in der Hand des Staates und der politischen Machthaber lag. Dennoch erreichte die Hysterie, die diese neuen Idole auslösten, alle jungen Leute. Daher wurde es zu meinem ersten Ziel, Englisch zu lernen, was mir auch bald gelang, indem ich vom Haus meines Onkels in das Haus einer amerikanischen Gemeinschaft namens YMCA (Young Men's Christian Association – Zusammenschluss junger Christen) in Bogotá übersiedelte. Ein paar Jahre später sollte ich herausfinden, dass dies Protestanten waren. Dort lernte ich, was diese geheimnisvollen und mächtigen Idole sangen, und traf viele amerikanische Studenten, die an einem Austauschprogramm teilnahmen.

In weniger als zwei Jahren hatte sich alles verändert. Die Studenten, die zu Besuch kamen, waren längst nicht mehr die sauberen und gesunden jungen Leute, die Christus und die Kirche liebten, sondern langhaarige Jungen und Mädchen, nachlässig in grelle Farben gekleidet, die ein merkwürdiges, bis dahin nicht bekanntes Verhalten an den Tag legten. Hinter all dem stand der Geist der sechziger Jahre, der eine totale „Befreiung" vom sogenannten „Establishment" versprach. Ich verstand die wahre Bedeutung all dessen nicht, doch diese exzentrische, unkonventionelle Welt, die ich da zu sehen bekam, wirkte auf mich Provinzler sehr anziehend.

Langsam, und vor allem wegen meiner ersten Liebesbeziehung mit einem amerikanischen Mädchen, begann ich das Geheimnis zu entdecken, das diese neue Haltung, diese Ablehnung des „Establishments" umgab. Meine Freundin bot mir Marihuana an. Unter der sonderbaren Wirkung dieser Droge begann sie zu erzählen, wie die Jugend die von den Erwachsenen verdorbene Welt retten würde. Sie meinte, dass Liebe und Frieden der einzige Weg seien, dies zu erreichen, und dass der Vietnamkrieg aufhören müsse.

Während sie mir all dies vermittelte, sah ich in ihren schönen blauen Augen die Verheißung eines niemals geträumtes Paradieses. Unter der Wirkung der Droge erschien alles so wunderbar. Ihre Schönheit, in Kombination mit der Sechziger-Jahre-Vision einer sich verändernden Welt, war eine verlockende Einladung, sich den „Legionen der Engel" anzuschließen, deren Sendung darin bestand, die Welt zu retten. Hand in Hand mit dieser „himmlischen Missionarin" durch die Straßen Bogotás zu gehen, ließ mich auf einer Wolke der Glückseligkeit schweben. Ich realisierte nicht, dass nicht eine einzige Menschenseele um uns herum auch nur vermutete, was in unseren Herzen vorging, und noch viel weniger die Halluzinationen verstand, die das ganze Marihuana in unseren Gehirnen verursachte.

Wir schlenderten meist in einer Gruppe von sechs oder sieben Jungen und Mädchen durch die Straßen; ich war der einzige Kolumbianer darunter. Sie bezahlten alle meine Ausgaben, denn ich konnte mir ihren Lebensstil nicht leisten. Das Marihuana machte uns sehr hungrig, ständig brauchten wir etwas zu essen. Wir mieteten uns Autos und kampierten in verschiedenen Gegenden Kolumbiens, vor allem an „magischen" Orten wie den vorkolumbianischen archäologischen Parks. Obwohl diese erste Gruppe „missionarischer Engel" insgesamt drei Monate in Kolumbien gewesen war, erschien es mir wie ein Tag – aufgrund der ständigen halluzinatorischen Wirkungen, die das Marihuana auf uns und all die Ausflüge hatte, die wir unternahmen, als wir „high" waren.

In jenen Tagen wurde auch über die freie Liebe gesprochen. Ich hatte nie zuvor sexuelle Beziehungen mit einem Mädchen gehabt. Meine amerikanische Freundin lehrte mich nicht nur alles über den Sex, sondern führte mich auch in eine Aktivität ein, die nicht aufhören sollte, bis ich im Alter von siebenundvierzig Jahren den Herrn fand. An dem Tag, an dem meine Freunde abreisen sollten, fühlte ich mich, als ob etwas Schreckliches geschehen würde. Was sollte ich ohne sie tun? Und so sagte ich: „Ich werde mit euch kommen." Darüber waren alle froh, besonders meine Freundin Donna.

Sehr bald wurde mir ein Reisepass ausgestellt und wir gingen zu der Amerikanischen Botschaft, um mir ein Visum zu besorgen. Ich war niemals zuvor in einem Konsulat gewesen und hatte keine Ahnung, wie man es anstellt, ein Visum zu bekommen – ich glaubte, mir keine Sorgen machen zu müssen, denn ich war ja in Begleitung der „Retter der Welt".

Als ich bemerkte, dass meine „Retter" von ihren eigenen Leuten als die schlimmsten Kriminellen betrachtet wurden, war ich völlig überrascht. Eine formell gekleidete Frau, die wie die Damen aussah, denen ich im YMCA begegnet bin, führte mich in ein separates Zimmer und fragte mich, ob einer der jungen Männer mir Drogen wie Marihuana, LSD oder vieles andere, von dem ich noch nie gehört hatte, angeboten hätten. Ich sah sie an und wurde mir des Ernstes der Lage bewusst. „Nein, davon habe ich noch nie gehört", erwiderte ich scharf. Sie antwortete: „Die, mit denen du zusammen bist, sind ‚Looser', du solltest mit denen nirgendwohin gehen. Ich schlage vor, du gehst nach Hause und führst dein Leben weiter, als ob du ihnen niemals begegnet wärest."

Als ich das Zimmer verließ und meine Freunde anschaute, zeichnete sich ab, dass wir aus den Wolken herausgefallen und wieder auf dem Boden der Tatsachen angekommen waren. Als wir das Gebäude verließen, hielt ich Donnas Hand, und eine ganze Weile sprach keiner von uns ein Wort. Zwei Tage später war ich ganz allein, nachdem ich meine Freunde am Flughafen verabschiedet hatte. Sie schenkten mir das Geld für ein Flugticket nach Miami, Donnas Stereoanlage und Beatlesmusik sowie genug Marihuana, um mich für ein paar Tage in einem Zimmer einschließen zu können.

Meine Einsamkeit dauerte nicht lange. Nach zwei Tagen weckte mich ein Klopfen an der Tür. Eine neue „Missionarin der Liebe" erschien in meinem Leben, und ihre blauen Augen waren noch schöner als die von Donna. Cindy hatte Donna und die anderen Freunde am Flughafen in Miami getroffen. Sie war unterwegs nach Peru, um dort einen Freund zu besuchen, den sie in Kalifornien kennengelernt hatte. Doch sie buchte ihren Flug um und beschloss, einige Tage mit mir in Bogotá zu verbringen.

Donna hatte Cindy darum gebeten, besonders lieb zu mir zu sein, da ich sehr einsam sei. Ich ging mit ihr sogleich ein ebenso enges Verhältnis ein, wie ich es mit Donna hatte; es war Donnas Idee, und alles schien perfekt. All das war, wie in einer anderen Welt zu leben – wie hätte ich diese Situation den Menschen, die mich kannten, erklären können? Es war unmöglich.

Wie Donna führte auch Cindy mich in Drogen ein; doch dieses Mal waren es besondere. Zuerst stellte sie mir die Frage: „Hast du jemals einen ‚Trip' erlebt?" Ein wenig überrascht schaute ich sie an und sagte: „Nur hier in Kolumbien." Sie brüllte vor Lachen und konnte sich lange nicht beruhigen, ich verstand jedoch nicht weshalb. Schließlich zog sie ein dickes Buch über die Ruinen der Inka heraus. Diesem entnahm sie zwei Blätter, eines mit orangenfarbigen und eines mit pupurfarbigen Punkten und erklärte: „Jeder kleine Punkt, den du hier siehst, enthält vierhundert Mikrogramm LSD. Wenn du dies einnimmst, wird dein Bewusstsein den unglaublichsten ‚Trip' erleben, ohne irgendwohin zu gehen. Ich habe mit meinen Freunden in Kalifornien ungefähr zehn solcher Trips unternommen; und während des letzten ist es mir gekommen, dass ich nach Südamerika gehen müsse, denn hier ist die Magie zu finden – in der Energie des Amazonas und in den Geheimnissen der Inka." Sie fuhr fort, mir eine esoterische Vorlesung über Südamerika zu halten. Schließlich sagte sie: „In zwei Tagen werde ich siebzehn und möchte meinen Geburtstag mit einem besonderen Ausflug ans Meer feiern und dazu einen purpurnen Trip benutzen." Ich entgegnete: „Das Meer ist sehr weit weg von hier und die Fahrt dorthin sehr teuer." Sie jedoch meinte: „Mach dir keine Sorgen, ich spendiere es dir!"

Ich lebte in einer nie endenden Fantasiewelt, die mir von Tag zu Tag besser gefiel. Gleich am nächsten Tag waren wir unterwegs zu einer Stadt, die an der karibischen Küste Kolumbiens liegt und Santa Maria heißt. Dort erlebte ich mit Cindy die LSD-Trips, von denen sie gesprochen hatte. Sie brachten mich in eine völlig neue Dimension, die ich einfach beschreiben würde als „ein sich Öffnen für die Tore der Wahrnehmung". Es reicht zu sagen, dass ich damit nicht allzu gut zurechtkam (und ich glaube, niemand kommt damit gut zurecht!). Die meisten meiner damaligen Freunde gingen durch diese Tore und kamen nicht mehr zurück.

Ohne es zu merken, waren über drei Monate vergangen, seit ich von diesen bewusstseinserweiternden Botschaftern in die Drogenszene eingeführt worden war.

Die physischen Veränderungen in meiner Erscheinung waren schon zu sehen. Ich vergaß, meinen noch nicht voll ausgebildeten Bart zu rasieren und ließ mir die Haare wachsen. Ich trug Kleider von Cindy und einige von Donnas T-Shirts und Hosen. Es war nicht verwunderlich, dass man dachte, ich sei ein Ausländer. Cindy mietete eine kleine Wohnung im Norden Bogotás; mir schien die Miete astronomisch hoch, doch Cindy kümmerte es offenbar nicht. Ihr Vater war ein bekannter Kardiologe in San Franzisco, der für alles aufkam.

Cindys Wohnung wurde zum zentralen Treffpunkt, an dem immer etwas los war. Sie überließ mir die Verantwortung für den Schatz, der jeden in unserem Kreis in seinem Bann hielt: die beiden berühmten Blätter mit den orangen und purpurnen Punkten. Innerhalb weniger Wochen tauchten immer mehr Amerikaner auf, sie liefen vor der Armee davon oder kamen, weil sie von dem Gerücht gehört hatten, das beste Marihuana wachse in Kolumbien. Das Merkwürdige daran war, dass wir es niemals gefunden haben. Donna und ihre Freunde hatten das erste Marihuana, das ich ausprobierte, aus den Staaten mitgebracht. Nach und nach erreichten uns Anleitungen zum Anbau von Drogen, die in San Franzisco von einer Gesellschaft namens „High Times" gedruckt wurden. Bald danach begannen die ersten Marihuana-Büsche Kolumbiens zu wachsen.

Mein Leben mit Cindy änderte sich. Zu viele Leute kamen in unsere Wohnung, um sich für ein paar Tage einen Trip zu nehmen; die Folge davon waren intensive Liebesaffären mit anderen „bewusstseinserweiternden Engeln". Wir wurden wie Bruder und Schwester. Dieses

Abenteuer in ihrer Wohnung dauerte zwei Jahre; dann zogen wir auf eine kleine Farm außerhalb von Bogotá. Nun nahmen die Dinge eine mystische Dimension an, denn an einem Ort namens La Miel wurden halluzinogene Pilze entdeckt. An einem kristallklaren Fluss desselben Namens gelegen, war La Miel ein namhaftes Paradies für Fischer. Wir verwandelten den Ort in ein Zentrum für Bewusstseinserweiterung. Es war dieser Ort, an dem ein paar Jahre später ein großes Unglück geschehen sollte.

Das erste Mal ging ich mit meinen Freunden aus Bogotá dorthin, einige von uns blieben für drei Monate da. Wir aßen Pilze, sprachen mit den Bäumen und trugen die ganze Zeit eine Bibel mit uns herum. Als wir nach Bogotá zurückkehrten, stellten wir fest, dass viele unserer Freunde in verschiedene Rehabilitationszentren eingewiesen worden waren. Sie – wie so viele andere – wurden nie wieder gesund. Die Psychiater ignorierten die Auswirkungen der Halluzinogene völlig und stellten unseren Freunden falsche Diagnosen; diese wurden daraufhin durch eine falsche Behandlung praktisch zugrunde gerichtet. Denjenigen von uns, die sich nach einer Weile der Behandlung entzogen, fiel es nicht schwer, nach einer gewissen Zeit wieder in der Realität anzukommen.

Innerhalb von zwei Jahren war mein Haar bis zur Schulter gewachsen und mein Bart reichte bis auf die Brust. Es war das Jahr 1970 und das Rock-and-Roll-Fieber hatte Kolumbien erfasst. Hunderte junger Leute liefen von zuhause weg, um sich verschiedenen Kommunen überall in der Stadt anzuschließen. Die „Calle

Sesenta" (die 60. Straße) in Bogotá wurde zu einem berüchtigten psychedelischen Zentrum, das von eifrigen jungen Dealern und Geschäftsleuten betrieben wurde, die wie Hippies gekleidet waren – wie wir alle damals genannt wurden. Drogen wie Marihuana und LSD befanden sich bereits in den Händen von Dealern, die nur am Geld interessiert waren und nicht am Geist der Liebe und des Friedens, der diese Bewegung eigentlich begründet hatte.

In diesem Jahr verließ Cindy Kolumbien und kehrte nach San Franzisco zurück. Sie war heroinabhängig und starb schließlich an einer Überdosis. Ihr Tod brach mir das Herz; ich begann, mich mit dem zu beschäftigen, was um mich herum vorging. Viele unserer Rock-and-Roll-Helden waren auf die gleiche Weise gestorben, doch es schien niemanden zu kümmern. Diese neue Bewegung wurde immer intensiver und verbreitete sich immer weiter in der ganzen Welt.

Als eine andere Gruppe von Amerikanern die Tarot-Karten, einige alte esoterische Praktiken, Voodoo und Candombee (ein afroamerikanischer Trommelrhythmus) sowie alle möglichen Arten fernöstlicher Praktiken aus dem Hinduismus, Buddhismus, Shintoismus und Hunderte von Yoga-Schulen mit ihrer Sieben-Stufen-Lehre einführten, begann die nächste und gefährlichste Phase. Alle Führer des östlichen Heidentums (sogenannte Gurus) hatten Hochkonjunktur und widmeten sich der Eroberung von Seelen in westlichen Ländern wie Kolumbien. Okkulte Metaphysik sowie jede Art von Magie und Aberglaube waren die Götter des New Age, denen der Geist der Liebe und des Friedens der sechziger Jahre geopfert wurde. Viele meiner Freunde in Kolumbien verfielen dem östlichen Heidentum derart, dass sie zu Aposteln dieser Sekten wurden; sie schufen große lokale Zentren, und ihr Leben, besonders ihre Kleidung und ihre Essgewohnheiten, spiegelte die östliche Kultur wider. Ich war von der übernatürlichen Fantasie dieser magischen philosophischen Vorstellungen ganz eingenommen. Obwohl ich mich mit großem Interesse mit allen beschäftigte, war ich jedoch niemals ein Schüler oder Anhänger einer von ihnen, da meine Interessen eher im künstlerischen oder musischen Bereich lagen.

In den späten sechziger Jahren lernte ich ein Mädchen kennen, mit dem ich ungefähr ein Jahr lang zusammenlebte; wir schienen füreinander bestimmt zu sein. Wir blieben all die Zeit beisammen, ohne mit jemand anderem ein Verhältnis zu haben – ganz außergewöhnlich für den Lebensstil, auf den ich mich eingelassen hatte. (Im Verlauf von vier Jahren hatte ich Affären mit unzähligen Donnas und Cindys von überall aus den Vereinigten Staaten sowie mit fast genauso vielen Lolas und Marias aus meinem eigenen Land gehabt.) Diese Beziehung erreichte ihren Höhepunkt, als ich zwanzig Jahre alt war und meine Freundin schwanger wurde.

Der Großteil ihrer Familie war politisch engagiert, arbeitete für die Regierung und pflegte einen Lebensstil, der unserer Generation wirklich verhasst war. Für sie waren wir der Abschaum der Welt. Die Nachricht von der Schwangerschaft meiner Freundin wurde in ihrer Familie nicht gut aufgenommen, es wurde ihr eine Abtreibung nahegelegt. Obwohl wir mit all diesem magischen, okkulten, östlichen Heidentum und anderen spirituell giftigen Strömungen verseucht waren, brachten wir es nicht fertig, ein solches Verbrechen zu begehen. Mehr noch, ihre Verwandten gaben uns deutlich zu verstehen, dass sie moralisch über uns ständen. Einige Wochen später, nachdem wir einige Schwierigkeiten bewältigt hatten, heirateten wir in einer katholischen Kirche in Bogotá. Nach einigen Tagen schlugen ihre Verwandten uns vor, nach Deutschland zu gehen, wo sie uns helfen würden, Arbeit zu finden. In Wahrheit wollten sie uns weit weg wissen, damit wir ihrem Ansehen nicht schaden konnten.

Als wir mitten in einem strengen Winter in Deutschland ankamen, war das erste, was wir ändern mussten, unsere Ernährung. Als strikte Vegetarier waren wir unterernährt, was das Baby in Mitleidenschaft ziehen konnte. Außerdem hatten wir keine Ahnung, wie wir uns vegetarisch ernähren sollten, ohne eine Fehlernährung zu riskieren.

Derselbe Geist, der die Himmel und Herzen der jungen Amerikaner beflügelte, hatte auch einen Großteil der jungen Leute in Deutschland beeinflusst. Problemlos schlossen wir uns verschiedenen Gruppen an und behielten eine Zeitlang die alten Gewohnheiten bei. Nachdem ich Deutsch gelernt hatte, besuchte ich die Hochschule der freien Künste in Hamburg.

Nach der Geburt unseres ersten Kindes änderte sich unser Leben als Ehepaar aufgrund unsere Schwierigkeit, mit dem „Establishment" zurechtzukommen, gegen das wir rebellierten. Dieses „Establishment" hasste uns wegen der Art, wie wir uns kleideten, dachten, handelten und lebten. Wir bemühten uns darum, einen neutralen Bereich zu finden, in dem wir die Wohltaten des Establishments genießen konnten, ohne unsere revolutionäre Identität von „Liebe und Frieden" aufzugeben. Dafür mussten wir unsere Kleidung und unser Aussehen verändern: Mein Haar verkürzte sich auf beinahe normale Länge, ich rasierte meinen Bart ab und behielt nur einen großen Schnurrbart zurück, der die Menschen der „anderen Dimension" (wie wir sie nannten) ärgerte. Mir gelang es jedenfalls, einen Job zu finden, mit dem ich unsere Grundbedürfnisse finanzieren konnte. Ein Gnadenakt der Familie meiner Frau sicherte ihr einen unbedeutenden diplomatischen Job für die kolumbianische Regierung. Wir verbrachten sechs Jahre in Deutschland. Weniger als zwei Jahre nach der Geburt unseres ersten Babys kam unser zweites Kind zur Welt.

In der Zwischenzeit war mein Leben weiterhin eng mit der psychedelischen Welt an der Universität verhaftet – durch meine künstlerische Arbeit und durch die Musik, die ich hörte, studierte und komponierte. Ich nahm jede sich mir bietende Gelegenheit wahr. Oft fuhr ich nach Berlin und ging auf den Kurfürstendamm, eine Prachtstraße mit vielen Cafés, Bars und Kleinkunst Bühnen, nahm meine Gitarre und spielte für meine neuen Freunde aus Europa und den Staaten unter dem Einfluss der Drogen all die Lieder, die ich kannte. Auf diese Weise hielt ich den Geist lebendig, den ich von Kolumbien mitgebracht hatte; und er wurde zunehmend esoterisch, metaphysisch, astrologisch, spiritistisch und alchimistisch.

Eine große östliche heidnische Gruppierung stand an

der Spitze all dieser Aktivitäten. Unsere Helden – die Beatles und viele andere – waren die eifrigsten Vertreter dieser mystischen Bewegungen und übten einen großen Einfluss auf uns aus. Es war beinahe unmöglich, irgendwo eine Gruppe junger Leute zu treffen, ohne irgendeinen magischen oder mystischen Kommentar zu hören. Unser ganzes Leben wurde vom Okkultismus beherrscht.

Das einzige, was meine Frau und ich gemeinsam unternahmen, war der Besuch von Rock-and-Roll-Konzerten. Um diese drehte sich unser Leben; nachdem wir die Babys versorgt hatten, gingen wir dorthin. Die Eintrittskarten waren sehr teuer, was bedeutete, dass wir kein Geld für etwas anderes hatten, aber das war uns egal. Das Konzert wurde unsere Kirche.

Allmählich begann sich unser Leben und unser Zusammensein zu verändern. Wir waren nicht mehr einer Meinung. Meine Frau hatte Sehnsucht nach ihren Wurzeln, und ich ging immer mehr in meiner künstlerisch-psychedelischen Welt auf. Ende 1976 entschieden wir uns, nach Kolumbien zurückzukehren. Die meisten unserer früheren „Liebe und Frieden"-Freunde standen nicht mehr auf mystische Erfahrungen – im Gegenteil, ihr Leben drehte sich nun um Partys mit Alkohol und Kokain.

Um das Ganze noch schlimmer zu machen – die amerikanische Drogenmafia hatte Kolumbien inzwischen in ein Drogenparadies verwandelt, sie baute hier die Drogen an und verschickte sie in alle Welt. Viele Alkohol- und Zigaretten-Schmuggler hatten das Drogengeschäft für sich entdeckt, skrupellose Gesetzesbrecher, die vor Mord nicht zurückschreckten. Es bildeten sich starke und mächtige Organisationen, und all die Freunde aus der gehobenen Mittelschicht, mit denen ich mein psychedelisches Leben in Kolumbien verbracht hatte, schlossen Verträge mit Drogenhändlern, wobei ihnen ihre Englischkenntnisse und ihr Wissen über die amerikanische Kultur zugute kamen.

Wenige Monate nach unserer Rückkehr war unsere Ehe am Ende und mit meinem Leben ging es abwärts; Schuld daran waren Alkohol, Kokain, schlechte Geschäftsabschlüsse und meine triebhafte Natur, die von all diesen Drogen noch verstärkt wurde.

Ich ging in die USA, wo ein verworrenes Leben voller Probleme auf mich wartete, losgelöst von meiner Liebe zur Kunst und zur Musik. Ich verbrachte einige Zeit in Florida und New York, tauchte ein in die Welt der Bars, des Kokains und der Frauen, die genauso dekadent waren wie ich – in eine Welt voller Ängste und innerer Unruhe, da ich von meiner Frau und meinen Kindern getrennt war. Nichts schien diese Leere zu füllen. Mein spirituelles Leben, das ich nur für eine weitere Sprosse auf der magischen Leiter hielt, war nichts als eine Augenwischerei des Teufels, doch damals war mir das nicht bewusst.

Später führten meine Kontakte und Bekanntschaften aus der Kunstszene zu einem neuen Start in Kalifornien. Ich befasste mich mit etwas, das mich zwanzig Jahre meines Lebens beschäftigen sollte und bewegte mich zwischen Kino, Fernsehen und Musik, in einer Welt der Drogen und der Sinnenlust. Für diese Art von Leben erscheint Hollywood wie eine Art Mekka. Derselbe Geist, der mich in Kolumbien durch jene erste Marihuana-Zigarette im Jahr 1961 in die Welt Donnas eingeführt hatte, diente mir auch in Kalifornien als Orientierung. Das war kein Zufall, es war der Geist der selben dunklen Macht, der mich lockte und mir den letzten Rest gab, bevor er mich in einer beständigen spirituellen Dunkelheit zurückließ.

In Kalifornien nahm ich mein künstlerisches Leben wieder auf, es half mir irgendwie, das Gefühl der Leere und Angst zu überwinden, das mich dazu getrieben hatte, die letzten vier Jahre zu versacken. Gleichzeitig beschäftigte ich mich immer mehr mit Magie und Esoterik.

Man könnte fast meinen, Kalifornien sei das Zentrum der New-Age-Bewegungen und deren spiritueller Dunkelheit. Esoterische Propheten, neue metaphysische und spiritualistische Sekten, das bedeutendste Zentrum der satanischen Freimaurerei sowie die aktivsten satanischen Kirchen Amerikas trieben und treiben ihr Unwesen in Kalifornien. Viele schlechte Charaktere infiltrierten Hollywood als berühmte Drehbuchautoren für die angesehensten Filmstudios oder als Produzenten der größten Filme, angefangen bei Disney-Filmen für Kinder bis zu Warner Brothers' Horrorfilmen. Dieser Geist begann in den sechziger Jahren zu wachsen, als die „Liebe und Frieden"-Generation geboren wurde, und ist seitdem in der Bucht von San Franzisco immer stärker geworden. Die obskursten Bewegungen werden von Hollywood gefördert, sie werden als Unterhaltungssendung, als Fantasiefilm, als Ausdruck der siebten Kunst (der Filmindustrie) gezeigt, deren einziger Zweck darin besteht, unser tägliches Leben zu „bereichern". Man könnte viel darüber sagen – ich werde den Herrn bitten, mir die Gelegenheit zu geben, ein weiteres Buch zu schreiben, das dieses weitreichende und undurchsichtige Thema zum Inhalt hat.

Im Jahr 1986 gelang es mir und einem Partner aus Colorado, mit dem ich zwei Jahre lang verschiedene Songs komponiert hatte, einen Vertrag mit Sony Music (damals CBS Records) in New York für fünf Aufnahmen abzuschließen. Und da wir über ein recht gutes Budget verfügten, eröffnete mir dies ein neues Kapitel in meiner künstlerischen Laufbahn. Unsere ausgedehnten Welttourneen veranschaulichten die Vorteile, wie sie nur wenige multinationale Unternehmen bieten können.

Wenige Monate nach Vertragsunterzeichnung reiste meine Frau für einen Überraschungsbesuch aus Kolumbien an, um mir zu sagen, dass man bei ihr Krebs diagnostiziert hätte. Diese Nachricht machte mich sehr traurig; trotz unserer Trennung vor einigen Jahren waren wir noch so etwas wie Ehemann und Ehefrau, wir pflegten eine gute Freundschaft und empfanden füreinander großen Respekt. Mit anderen Worten: Wir waren beste Freunde, da wir mit dem Leben des jeweils anderen sehr vertraut waren und es keine Geheimnisse zwischen uns gab.

Wenige Monate später entschieden wir, dass es für die Kinder besser sei, wenn wir zusammenleben würden, da sie schon sehr krank war und sich nicht richtig um sie kümmern konnte. Damals kamen die Kinder ins „Teenager"-Alter. Dies brachte große Veränderungen in meinem Lebensstil mit sich. Zunächst gingen die Kinder für ein Jahr in ein Internat, dann blieben sie bei mir. Meine häufigen Musiktourneen machten die ersten Jahre recht schwierig. In gewisser Hinsicht bewirkte diese neue Verantwortung für meine Kinder, dass ich viele meiner bisherigen schädlichen Aktivitäten aufgab, die mich an einen Abgrund geführt hatten. Im Jahr 1992 starb meine Frau nach schmerzhaftem Leiden in Kolumbien. Der Kreis meiner Empfindungen und Erfahrungen meines bisherigen Lebens, das in den sechziger Jahren begonnen hatte, schloss sich.

Gleichwohl übte ich mich noch in okkulten Praktiken. Im Jahr 1993 starb mein jüngster Bruder bei einem Unfall auf dem Meer bei der Insel Antigua unter unbekannten Umständen. Sechs Monate später starb mein Vater an einer Gehirnblutung. Nur zwei Jahre nach diesen Todesfällen erschoss sich ein anderer Bruder nach einem Streit mit seiner Frau; er hatte zuvor auf einer Party zu viel Alkohol getrunken. Zwei Monate später starb meine Mutter in meinen Armen, völlig erschöpft aufgrund all dieser Familientragödien.

Nachdem ich Ende 1996 vom Tod meines Bruders erfahren hatte, flog ich zur Beerdigung nach Kolumbien. Er wurde in Pereira beigesetzt, einer Kleinstadt in der Kaffeeregion Kolumbiens, nur eine Stunde von meinem Heimatort entfernt. Dort hatte meine Mutter während der letzten fünfunddreißig Jahre gelebt. Es war nicht einfach für mich, nach vierzehn Jahren nach Kolumbien zurückzukehren. Das Land hatte sich in jeder Hinsicht gewaltig verändert, sogar die Währung sah anders aus. Einiges hatte sich zum Guten gewandelt, wie zum Beispiel der Arbeitsmarkt; doch anderes wurde schlechter, was sich in Gewalt, Intoleranz und moralischem Verfall in allen Gesellschaftsschichten äußerte.

Das Zusammentreffen mit meinen Schwestern nach all den Jahren war nicht einfach, vor allem wegen der Situation, die wir gerade durchmachten. Meine Mutter lebte damals noch, sie war so von Trauer erfüllt, dass es einem schier unmöglich war, ihr in die Augen zu schauen. Das Begräbnis meines Bruders fand vier Stunden nach meiner Ankunft statt; ich war überrascht, so viele Verwandte in der Kirche zu sehen. Seit meiner Kindheit war ich nicht mehr mit einer solchen Zusammenkunft, ja, mit einem solchen Begräbnis konfrontiert worden. Ich hatte völlig vergessen, dass meine Familie so groß war.

Der nächste Tag war für meine Schwestern und mich sehr traurig. Unserer Mutter war sterbenskrank und wir konnten nichts für sie tun außer abzuwarten, die Ärzte hatten sie schon aufgegeben. Ich war so fern von Gott, dass das Wort „Wunder" weder in meinem Wortschatz noch in dem meiner Schwestern vorkam. Die Leute, auch meine eigene Familie, schienen oft zur Kirche zu gehen, doch ihre geistlichen Qualitäten waren nicht wirklich zu erkennen – die Religiosität hatte sich in all den Jahren offenbar kaum verändert. Zwei Monate später starb meine Mutter nach langen Nächten voller Seelenqual.

Ich hatte noch den Weihrauchduft des letzten Begräbnisses in der Nase, als wir uns alle zu einer noch schmerzlicheren und problematischeren Beerdigung wieder trafen. Danach überlegten meine Schwestern und ich, wer wohl der Nächste sei, da unsere Familie in sehr kurzen Abständen vom Tod heimgesucht wurde; innerhalb von vier Jahren waren fünf enge Verwandte gestorben.

In dem darauf folgenden Jahr machte ich mir die Essgewohnheiten und den leichtlebigen unkonventionellen Lebensstil zu Eigen, der für Kolumbien typisch ist. In diesem Idealismus, der nichts weiter als überkommene Nostalgie war, flog ich weitere drei Mal zwischen Los Angeles und Kolumbien hin und her, bevor ich entführt werden sollte. Meine letzte Reise fand im November 1997 statt. Ich wollte das Weihnachtsfest mit meinen Schwestern verbringen, um mit ihnen in dem Leid über den Verlust so vieler Familienmitglieder zusammenzusein.

Um ehrlich zu sein: Rückblickend erkenne ich, dass mich in Kolumbien vor allem das intensive Partyleben der Kleinstädte anzog. Während ich über die verkehrsreichen Highways von Los Angeles fuhr, dachte ich an nichts anderes als daran, in den Armen eines dieser schönen und leichtlebigen Mädchen zu liegen, die es in Kolumbien im Überfluss gab. Noch immer bestimmten Alkohol, Drogen und Frauen mein Leben. Meine Gedanken gingen nur in diese Richtung, und ich hatte das Gefühl, sie in Kolumbien leicht befriedigen zu können.

In diesen Weihnachtstagen kam ich voller Enthusiasmus in Kolumbien an – voller Vorfreude auf den bevorstehenden Weihnachtsrummel, der alljährlich bis zum 14. Januar stattfindet. Dann würde ich zurück in Los Angeles sein müssen, da ich mit meiner Band auf eine vierwöchige USA-Tournee gehen wollte.

Während der letzten drei Jahre war ich aufgrund meiner Beteiligung im Filmwarengeschäft in finanzielle Schwierigkeiten geraten. Hollywood produziert alle möglichen Fan-Artikel rund um die Filmwerbung, dies wurde zu einer gigantischen weltweiten Industrie. Den über viele Jahre hin entstandenen Kontakten hatte ich es zu verdanken, dass ich exklusive Verträge abschließen konnte. Diese Weihnachten standen besondere Verpflichtungen gegenüber meinen Investoren an. In unserem Unternehmen gab es ernsthafte Schwierigkeiten mit den amerikanischen Steuerbehörden, die gesamte Investition war in Gefahr. Und ich trug die Verantwortung für das Geld so vieler Menschen. Alles schien jedoch unter Kontrolle. Ich wusste damals nicht, dass ich bald entführt und als Gefangener sechs Monate lang im kolumbianischen Dschungel festgehalten werden sollte.

Die Entführung

Am 11. Dezember kam ich in Pereira an, dem Ort, wo meine Mutter gestorben war und drei meiner vier Schwestern lebten. Ich schmiedete Pläne für ausgelassene Partys in diesen Tagen. Am Nachmittag des 25. Dezembers machte ich mich auf den Weg in meinen Heimatort, noch sehr müde und etwas benebelt von der Party, die wir an Heiligabend bis morgens um sieben Uhr gefeiert hatten. Nach weniger als einer Stunde Autofahrt erreichte ich Anserma und besuchte Freunde und Verwandte. Ich war schließlich so müde, dass ich keine Energie mehr zum Tanzen oder Trinken hatte. In diesem Landesteil feiert man an Weihnachten Partys, die sich über mehrere Tage und Nächte hinziehen.

Um Mitternacht machte ich mich auf, um die Nacht auf der Farm meines Onkels zu verbringen, die weiter südlich, ganz in der Nähe der Stadt, lag. Als ich dort ankam, war ich überrascht, das Tor verschlossen vorzufinden; denn wenn mein Onkel von meinem Kommen unterrichtet war, ließ er es immer offen stehen. Einer meiner Neffen begleitete mich, und ich bat ihn, auszusteigen und das Tor zu öffnen. Als er gerade meiner Aufforderung nachkommen wollte, tauchte eine Gruppe maskierter Männer mit schussbereiten Gewehren aus der Dunkelheit auf. Wenige Sekunden später hatten sie meinen Neffen auf den Rücksitz befördert, alle Türen geöffnet und suchten wie hungrige Hunde nach irgendetwas. Dann zwangen sie mich auszusteigen, fesselten mir die Hände, zogen mir etwas über den Kopf und nahmen mir alles ab, was ich bei mir hatte.

Zuerst dachte ich, dies sei ein Raubüberfall, was in Kolumbien schon bald an der Tagesordnung ist. Dann wurde die Lage ernster. Die sechs Männer stiegen in mein Auto ein, zerrten mich auf den Rücksitz und düsten die Straße hinunter. Als wir den Ort hinter uns gelassen hatten, hielten sie an, vier der Männer stiegen aus und nahmen mich mit sich; zwei andere fuhren mit meinem Auto und meinem Neffen davon.

Auf der Straße zurückgelassen und ohne zu wissen, was da vor sich ging, kam mir der Gedanke, dass ich wohl getötet und mein Leichnam irgendwo in den Bergen beseitigt werden sollte. Doch dies war nicht geplant. Sie banden mir einen Strick um die Hüfte, nahmen dessen Enden in die Hände und zwangen mich, die ganze Nacht hindurch das Bergland zu durchstreifen, immer noch mit der Haube über dem Kopf.

Wir erreichten so etwas wie das Hauptgebäude einer verlassenen Farm irgendwo auf dem Land; sie brachten mich in einen anscheinend leeren Raum und ließen mich dort für den Rest des Tages allein. Spät in der Nacht holten sie mich, führten mich zu einer Straße und bugsierten mich wieder einmal auf den Rücksitz eines Autos, mit dem wir dann lange unterwegs waren.

Ich hörte sie sagen, dass die Polizei und die Armee nach mir suche, deshalb müssten sich mich anderswohin bringen. Nach einer langen rasanten Fahrt über eine unbefestigte und holprigen Straße war mein Körper in schlechter Verfassung, ich konnte die Stöße nicht abfangen und wurde hin und her geschleudert. Nach dieser Tortur war mein Körper voller Schrammen und blutiger Wunden. Wir stiegen aus und marschierten wiederum für einige Stunden; ich bemerkte nun, dass wir uns im Dschungel befanden, denn statt des Gezwitschers von Stadtvögeln hörte ich Laute, wie sie nur im tiefsten Dschungel zu vernehmen sind.

Obwohl ich in einem kleinen Ort geboren wurde und als Kind auf dem Land gelebt hatte, machte es mich doch sehr nervös und verstärkte meine Panik, dass ich gefesselt war und nichts sehen konnte. Die Luftfeuchtigkeit erschwerte mir das Atmen durch die Acrylhaube, die man mir über den Kopf gezogen hatte. Dies wirkte sich auf meinen Kreislauf aus, meine Arme und mein Rücken schmerzten. Der hohe Alkoholkonsum der vergangenen drei Tage hatte jegliche Energiereserven verbraucht, jeder Schritt brachte mich einem Herzinfarkt näher. Viele Stunden später – es erschien wie eine Ewigkeit – erreichten wir unseren Bestimmungsort.

Sie entfernten die Haube und zeigten mir die neue Umgebung. Die Lage schien immer komplizierter zu werden. Was sie mir zeigten, war nicht ganz das Riz Carlton Hotel, sondern ein Haus, das vor langer Zeit verlassen und inzwischen von Bäumen überwuchert worden war, die ihre Zweige durch Öffnungen streckten, die eigentlich Türen und Fenster sein sollten. Es erinnerte mich eher an eine Höhle als an ein Haus.

Sie zogen mir wieder die Haube über, führten mich zu dieser Höhle und stießen mich hinein. Als ich auf dem Boden aufkam, hörte ich eine Menge Geflattere und realisierte, dass ich von Tausenden von Fledermäusen umgeben war. Der Boden war verrottet und mit Fledermauskot bedeckt. Ich wusste nicht, was schlimmer war: Der Gestank in der Höhle, das Gemisch verfaulten Materials oder der ständige Exkremente-Regen, der bei jeder meiner Bewegungen stärker wurde. Die Bedrohung, von all diesen geflügelten Kreaturen angegriffen zu werden, ließ mich an Hitchcocks Film *Die Vögel* denken. Gleichzeitig krabbelten aus den Exkrementen Heerscharen von Ungeziefer, krochen in meine Kleider und bissen mich vom Kopf bis zu den Zehen. Jeder Biss verursachte eine andere Art von Reiz. Einige fühlten sich wie schwache Elektroschocks an, andere bewirkten, dass meine Haut am ganzen Körper brannte, während wieder andere einen starken Juckreiz auslösten. Da meine Hände noch immer gebunden waren, konnte ich mich nicht kratzen. Das Blut zirkulierte nicht mehr richtig in meinen Armen, deshalb fühlte sich mein Körper taub an. Ich bewegte mich nicht mehr, um die Fledermäuse nicht wieder aufzuschrecken. Es hätte nicht schlimmer kommen können.

Isoliert, unter vielen Schmerzen, in völliger Dunkelheit, unfähig, mich von den Handfesseln zu befreien, wollte ich in den ersten Tagen noch nicht einmal die Nahrung annehmen, die mir einmal am Tag angeboten wurde. Ich wünschte mir nur noch den Tod und damit ein Ende dieser Qualen. Am dritten Tag erwachte in mir die leise Hoffnung, entkommen zu können. Ich begann nach meinen Entführern zu rufen und dachte, dass sie mich aus dieser Höhle herausholen würden; und einmal draußen würde sich schon eine Gelegenheit zur Flucht bieten. Ich rief, doch ich hatte keine Energie mehr, meine Stimme versagte. Die Vorstellung, durch die leiseste Bewegung eine Panik unter meinen

Mitbewohnern auszulösen, hielt mich von weiteren Anstrengungen ab.

Nach einer Weile kam einer der Entführer. Ich weiß nicht, ob er mir etwas zu Essen bringen wollte oder ob er mein Rufen gehört hatte. Er zog mich an den Füßen heraus – das hatten sie bisher noch nicht getan –, nahm mir die Haube ab und fragte mich, ob ich etwas essen wolle. Eine Zeitlang konnte ich nichts sehen, ich hatte Angst, die Augen zu öffnen, da ich drei Tage lang in der völligen Dunkelheit der Höhle gelegen war. Später erkannte ich, dass es die Zeit des Sonnenuntergangs war.

Das milde Sonnenlicht erlaubte es mir, einen Blick in die Höhle zu werfen. Als ich die vielen verwobenen Spinnennetze sah, die da schon seit vermutlich vielen Jahren hingen, bekam ich es noch mehr mit der Angst zu tun. Noch niemals zuvor hatte ich solch riesige Netze gesehen, sie sahen aus wie der Vorhang eines großen makabren Bühnenbildes. Ihre Oberfläche war von grünlichem Schleim bedeckt. Allmählich entdeckte ich die größten und haarigsten Spinnen, die ich je gesehen hatte. Sie schienen zu wissen, dass ich sie anstarrte. Ich merkte, dass ich dort, wo ich am Boden gelegen war, ein großes Loch in eines ihrer Netze gerissen hatte.

Der Entführer, der mich aus der Höhle geholt hatte, erklärte mir, dass sie nichts zu essen hätten, da die Gruppe, die mich abholen sollte, noch nicht eingetroffen sei. Sie sagten mir nicht, auf wen sie warteten und was sie mit mir vorhatten, und ich wagte es nicht, Fragen zu stellen. Ich hatte jede Hoffnung auf ein Überleben verloren, und, um es hinter mich zu bringen, meinte ich, davonlaufen zu müssen, damit sie mich verfolgten und rasch töteten. Mir fehlte jedoch die Kraft dazu.

Nach einer Weile tauchte ein weiterer Krimineller auf mit einem Bündel grüner Kochbananen und einer Blechdose, die er vielleicht in der Nähe gefunden hatte. Sie war mit schmutzigem Wasser gefüllt, das ich trinken sollte. Ich vermute, dass jemand, der seit Tagen nichts gegessen und getrunken hat, dieses Angebot unter anderen Umständen als ein wahres Festessen betrachtet hätte. Ich jedoch fühlte mich sehr schwach und hatte kein Interesse daran. Nachdem sie bemerkt hatten, dass ich ihr Essen ablehnte, zogen sie mir wieder die Haube über und fesselten meine Hände vorne, was meiner Blutzirkulation zugute kam. Die beiden Männer erinnerten mich an ein Paar hungriger Wölfe, die endlich ihre Beute erlegt und eine Höhle erspäht hatten, in der sie die Beute verstecken konnten, um sie später mit dem Rest des Rudels zu teilen. Sie warfen mich zurück in die Höhle.

Zwölf Tage vergingen und niemand ließ sich blicken. Manchmal konnte ich sie streiten und sagen hören, dass sie ihren Kameraden noch einen Tag Zeit geben würden, um hier zu erscheinen, ansonsten müssten sie mich töten. Gott sei Dank taten sie dies nicht!

Ich hatte keine Vorstellung, worum es eigentlich ging. Ich erhielt etwas zu essen, das ich allmählich zu akzeptieren begann. Das Leben in dieser Höhle machte aus mir eine weitere Fledermaus. Ich hatte schon herausgefunden, wie die Verständigung zwischen den ausgewachsenen Fledermäusen und den Jungtieren funktionierte. Diese Hochfrequenztöne lösten bei mir starke Kopfschmerzen aus, da ich mich inmitten des Signalverkehrs befand. Die Exkremente, die nach der morgendlichen Fütterung den ganzen Tag über zu Boden fielen, stanken fürchterlich und verstärkten die Aktivitäten des Ungeziefers auf dem Boden, dessen Futterzone mich beinhaltete. Manchmal konnte ich spüren, wie riesige Armeen von Insekten auf der Suche nach Nahrung in die Höhle einfielen. Ich konnte fast ihre Verhandlungen verstehen, für welche Art und Größe von Beute sie sich entscheiden sollten, um sie wegzuschleppen, einschließlich meiner Haut und meines Blutes.

Eines Nachts, nachdem ich fünfzehn Tage in dieser höllischen Höhle verbracht hatte, hörte ich viele Leuten ankommen. Man packte mich, band mir die Hände los und entfernte die Haube. Ich empfand große Erleichterung. Mein Blut begann wieder zu zirkulieren und verursachte große Schmerzen und zahlreiche Krämpfe. Dennoch, aus der Höhle heraus zu sein, von den Fesseln und der Haube befreit, erschien mir wie der Himmel, auch wenn sich die Absichten der Leute damit befassten, mich zu töten.

Auf einmal standen etwa achtzig Mann in Militärkleidung um mich herum. Es war leicht zu erkennen, dass sie keine Soldaten waren, sie sahen eher wie Schauspieler in einem Pancho-Villa-Film aus. Und doch war dies Realität. Alle schienen jünger als achtzehn Jahre alt zu sein. Der einzige Mann, der älter als dreißig Jahre wirkte, begann zu sprechen. Er schaute mich dabei nicht an, bewegte sich aber ständig um mich herum. Laut genug, dass alle ihn hören konnten, erklärte er, dass ich entführt und an sie verkauft worden sei – von den Männern, die mich zu der Höhle gebracht hatten.

Er stellte sich als Anführer der Gruppe vor, die zu einer der größten Untergrund-Organisationen Kolumbiens gehörte.

Dieser einer Karikatur ähnelnde Kommandant zeigte mir eine Liste mit den Namen all meiner Schwestern, ihrer korrekten Adressen und Telefonnummern. Er sagte, ich hätte ihm eine unglaublich hohe Summe an Lösegeld zu zahlen. Auch ließ er die Bemerkung fallen, dass dies doch nur ein kleiner Betrag des Vermögens wäre, das ich angeblich besaß. Dann sagte er, dass meine ursprünglichen Entführer nach der Lösegeldzahlung meinen Tod wollten. Sie befürchteten, dass ich sie verfolgen würde, da sie aus meinem Heimatort kämen und ich sie kennen würde. Später fand ich heraus, dass diese Männer zu einer bekannten Familie meines Dorfes gehörten, die im Drogenhandel Schiffbruch erlitten hatte und ihre Schulden dadurch zurückzahlte, dass sie Leute entführte. Der Kommandant drohte, meine Schwestern eine nach der anderen zu töten, falls ich mich weigerte, das geforderte Lösegeld zu zahlen.

Ich kann nicht alles in Worte fassen, was mir durch den Kopf ging, als ich da in einer finsteren Nacht im tiefsten Dschungel Mittelpunkt einer absurden Verhandlung war. Meine Gefühle waren feinen Schwankungen unterworfen: von Ärger zu Besorgnis, von Schmerz zu Seelenqual, von Rache zu Tapferkeit. Ich konnte den Blick all dieser unterernährten Schakale auf mir, ihrer Beute, ruhen sehen – einer Beute, die nicht genug Fleisch an sich hatte, um alle satt zu machen. Alles, was dieser lächerliche Kommandant von sich gab, wurde von dem Gelächter dieser Schakale begleitet.

Nach einer Weile bot der Kommandant mir einen Schluck Aguardiente (dies ist ein starker kolumbianischer Likör) an. Er befahl seinen Männern, mich wieder zu fesseln und mit verbundenen Augen in die Höhle zurückzubringen. Er meinte, sie würden in ein oder zwei Tagen wieder zurück sein, um mich an einen anderen Ort zu bringen. Die sechs Männer, die mich verkauft hatten, verschwanden, und eine andere Gruppe von jungen Männern hielt draußen vor der Höhle Wache. Alle anderen waren gegangen.

Mein mystisches Erlebnis

Eine Stunde, nachdem ich wieder in die Höhle zurückgebracht worden war, erlebte ich meine Situation schlimmer als an den fünfzehn Tagen zuvor. Tief im Inneren hoffte ich, diese schreckliche Erfahrung lebend zu überstehen, doch nach der Begegnung mit diesen Kriminellen war alle Hoffnung geschwunden. Ich befand mich in einer Situation, in der ein einfacher Fehler meinerseits nicht nur meinen Tod verursachen konnte, sondern auch den meiner Schwestern. Das machte die Angelegenheit noch komplizierter. Nicht nur ich steckte in Schwierigkeiten, sondern auch meine Familie. Von diesem Augenblick an musste ich sehr vorsichtig sein.

Man hatte mich auf grausamste Weise zum Tod verurteilt. Ich betrachtete mich als einen toten Mann, doch ich wusste nicht, wann und wo ich exekutiert werden sollte. Worte können den Horror, den ich durchlebte, nicht beschreiben. Plötzlich zerbrach mein ganzes Leben vor meinen Augen in lauter Scherben, ich konnte nur noch über die Splitter nachdenken, die davon übrig geblieben waren. Für einen kurzen Moment konnte ich es nicht fassen: Wie absurd war es doch, sich im kolumbianischen Dschungel zu befinden, nicht allzu weit von meinem Geburtsort entfernt, den ich vor dreiunddreißig Jahren verlassen hatte!

Mein schillerndes Leben, das ich gerade in Hollywood hinter mir gelassen hatte; meine Reisen um die ganze Welt, all meine Ziele und Vorhaben waren plötzlich zu einem Scherbenhaufen geworden. Nichts vermochte die Wirklichkeit dieses Augenblicks zu ändern, ganz gleich, was auch immer an Übernatürlichem geschehen sollte.

Nicht einmal Geld hätte dieses Problem lösen können, da sie mich nach der Lösegeldzahlung sowieso umbringen wollten. Ich besaß nicht einmal ein Drittel des Geldes, das sie von mir verlangten!

Eine unermessliche Einsamkeit legte sich auf mich, eine große Verzweiflung bemächtigte sich des ganzen Universums um mich und in mir. Ich kann das, was ich empfand, den Schmerz und die Verwirrung, nicht einmal ausdrücken. Gefesselt und mit der Haube über dem Kopf war ich unfähig, umherzugehen oder auch nur die kleinste Bewegung zu machen, die mir ein bisschen Luft verschafft oder meinen unbeschreiblichen Schmerz mit Hoffnung gemischt hätte. Meine gequälte Seele suchte nach Hilfe, nach etwas, das mir den so verzweifelt notwendigen Trost geben konnte.

Keine der Erfahrungen meines früheren Lebens, schon gar nicht die spirituellen, die ich für der Weisheit letzten Schluss und sogar für heilig gehalten hatte, halfen mir. Keine einzige magische Präsenz aus meiner Vergangenheit rettete mich, weder magische Formeln, esoterische Pakte, metaphysisches Wissen über das Okkulte, Mantras (bei anderen Gelegenheiten hatten sie mir inneren Frieden gebracht), astrologische Tabellen (erst zwei Monate zuvor hatten diese großen Erfolg verhießen), Kristalle (die ich aus vielen Teilen der Welt zusammengetragen hatte, um meine körperliche und geistige Integrität zu schützen), noch all die geheimnisvollen Amulette, die mir – begleitet von großartigen Ritualen – übergeben worden waren. Wo waren all die Geister, die es in so vielen Jahre nie versäumt hatten, mich in meinen spirituellen Übungen zu begleiten?

Ich hatte keine andere Wahl, als mich ganz in die Hände von etwas zu begeben, was wie der unendliche Abgrund einer letzten Reise zu sein schien. Der entscheidende Höhepunkt all meiner vergangenen Erfahrungen war gekommen.

Man kann sich nur schwer vorstellen, dass das, was in diesem Augenblick begann, eine „Gottesbegegnung" sein könnte. Das erste, was ich mit Klarheit sah, war ein Moment aus meiner Kindheit, im Innenhof meines Geburtshauses. Man bedenke: Ich hatte die vergangenen fünfzehn Tage in völliger Dunkelheit verbracht. Alles, was für mich sichtbar war, waren meine Gedanken, denen ich meine inneren Augen nicht verschließen konnte, ganz gleich, wie sehr ich es versuchte. Vollkommen wach war ich mir des grausigen Raumes wohl bewusst, in dem es von Fledermäusen und Millionen von Insekten und Ungeziefer nur so wimmelte.

Meine Kindheit in so deutlichen Bildern zu sehen, erfüllte mich mit Schmerz und Verzweiflung. Ich war siebenundvierzig Jahre alt und hatte keine Erklärung dafür, wie ich mich nach all diesen Jahren so deutlich als Kind sehen konnte. Was geschah mit mir? Verlor ich den Verstand? Ganz allmählich, während sich mein Leben mit deutlicher Klarheit entfaltete, erfasste mich ein gewaltiger Schmerz, der sich mit jeder aufgedeckten schlechten Tat der vergangenen Jahre verstärken sollte.

Diese Offenbarung hinterließ eine solche Wirkung, dass ich dachte, die giftigen Stiche des Ungeziefers hätten in mir Halluzinationen hervorgerufen. Etwas tief in meinem Inneren war sich dessen bewusst, was da wirklich vor sich ging, es nahm auch wahr, dass ich entführt worden war und mich im Dschungel befand. Ich hatte Angst, diese Realität zu akzeptieren, weil ich nicht verstand, woher sie kam. In Todesqualen, nachdem ich praktisch mein ganzes Leben noch einmal erlebt hatte, war mein erster Gedanke, dies sei lediglich eine Rückblende in die Vergangenheit gewesen. Die Wahrheit dieser unglaublichen Erfahrung jedoch ließ sich nicht verbergen. Mein Herz nahm sehr deutlich wahr, dass meine Seele sehr viel wusste.

Das erste Bild aus meiner Kindheit zeigte mich auf einem Dreirad sitzend. Mit einem Stock in der Hand fuhr ich im Innenhof des Hauses im Kreis herum und drosch auf alle Pflanzen ein. Jedes der folgenden Bilder erschien mit derselben Deutlichkeit. Plötzlich jedoch geschah etwas, das nur der Heilige Geist im Herzen des Lesers erklären kann, denn es gibt keine Worte dafür. Ich fand mich mit dem Gesicht im Gras liegend wieder, auf einer grünen, saftigen Wiese. Ich hob den Kopf und schaute nach rechts, wo ich einen Berg erblickte, auf dessen Gipfel sich eine kleine, doch strahlend erleuchtete Stadt befand, die offenbar voller Leben war. Sie war nicht etwa deshalb erleuchtet, weil es Nacht war, denn dort gab es weder Tag noch Nacht.

Dann hörte ich eine unbeschreibliche Stimme, die mein ganzes Dasein in dem Moment verwandelte, da sie zu mir zu sprechen begann – eine Stimme, so majestätisch, dass eine Million Worte sie nicht zu beschreiben vermögen. All die Psalmen, die den Herrn preisen, sind nicht genug der Schönheit, um der Beschreibung einer solchen Stimme gerecht zu werden!

Ich schaute nach links und sah meinen Körper wie

durch einen Dunstschleier. Ich lag in diesem schaurigen Raum, gefesselt und mit einer Haube über dem Kopf. Ich fühlte in meinem Herzen, dass ich soeben diese Welt verlassen hatte. Dennoch fühlte ich mich nicht tot; im Gegenteil, noch nie hatte ich mich lebendiger gefühlt als gerade in diesem Augenblick! All meine Schmerzen und Beschwerden waren verschwunden. Ich war nicht mehr von Angst und Qual erfüllt. Es war mir, als ob ich einen Körper hätte; in der Ferne konnte ich einen einzigen Körper sehen und ich wusste, es war der Meine.

Die Stimme, die ich hörte, war nicht die eines Menschen. Es war die Stimme unseres Herrn. Niemand anderes konnte so sprechen! Sie schien von überall her und gleichzeitig aus meinem Innern zu kommen. Alles um mich herum war von ihr erfüllt.

Der Herr bestätigte, dass Er der Ursprung der Mitteilungen sei, als Er sagte: „Ich werde dir den genauen Zeitpunkt zeigen, an dem du begonnen hast, dich von Mir zu entfernen." Er schüchterte mich nicht ein, alles, was ich fühlte, war eine grenzenlose Liebe, eine unendliche Geborgenheit. Ich war in der Hand dessen, von dem ich nichts zu befürchten hatte, den ich einfach nur lieben und von dem ich nur Liebe empfangen konnte. Es gab weder Zeit noch Raum, obwohl ich die Berge, die hell erleuchtete Stadt und das Gras wahrnehmen konnte. Obwohl es all das anscheinend gab, war es, wie wenn es keinen Zusammenhang bilden würde und dennoch zur gleichen Zeit gleichsam angehalten worden wäre – wie in einer Warteschleife.

Der Herr unterrichtete mich lange und ausführlich über die materielle Welt und meine Beziehung zu ihr.

Jedes Mal, wenn Er etwas über die Welt sagte, das irgendein Ereignis in meinem Leben betraf, wurde ich in diese erleuchtete Stadt versetzt und fand mich wie auf einer Bühne inmitten Seiner Beispiele und Lehren wieder. Der Herr teilte mir mit, dass die Welt noch niemals in der Menschheitsgeschichte so fern von Ihm gewesen sei. Der gegenwärtige Götzendienst übersteige alles in der Vergangenheit Dagewesene, alles, was in der Heiligen Schriften festgehalten ist. Unser spiritueller Bankrott sei von alarmierendem Ausmaß.

Der industrielle Fortschritt, technologische Errungenschaften und all die Ergebnisse soziologischer Forschung spiegeln in gleichem Maß den immensen spirituellen Ausverkauf der Menschheit wider. Der gegenwärtigen Generation mangelt es an himmlischem Licht; sie ist verführt und vereinnahmt von einem vergänglichen und trügerischen Leben, das sich selbst zu überwinden sucht. Ganz allmählich haben die Zentren des Materialismus die spirituelle Struktur bröckeln lassen, die durch das Blut des Lammes und Tausender von Märtyrern in den ersten vierhundert Jahren der Christenheit geschaffen worden war. Die Menschheit ist so fern vom Herrn, dass sich die Mehrheit ausschließlich ihrem Körper widmet, der doch sterblich ist, und ganz vergisst, den Geist zu nähren, der doch auf ewig lebt. Die Leute sind so mit der materiellen Welt beschäftigt, dass die meisten Seelen in einem Zustand der Unterernährung vor Gottes stehen. Sie sind wie behinderte Seelen, die unfähig sind, das Licht Gottes zu ertragen.

Während des Lebens im Fleisch sollte sich die Seele darum bemühen, spirituell gesund zu werden, damit sie das ewige Leben im Geist erlangt. Wenn das Leben im Fleisch mit dem Geist in Einklang steht, können wir von einem spirituellen Wachstum profitieren, das uns die Gnade schenkt, im Augenblick des Todes die Einheit mit Gott zu finden (die größte einem Geschöpf mögliche Verschmelzung mit dem Schöpfer, die niemals rückgängig zu machen ist). Jeder Moment, den die im Leib gefangene Seele hier in dieser vergänglichen Welt lebt, kann für den ewigen Lohn vorgemerkt werden, wenn er in Einklang mit Gott gelebt wird. Gleichzeitig führt jeder Moment, den man im Fleisch ohne Verbindung zum Geist lebt, auch zu einer Trennung von Gott in der Ewigkeit.

Der Herr erklärte mir, wie wichtig es für uns sei, eine perfekte Übereinstimmung zwischen dem Fleisch und dem Geist herzustellen und zuerst und vor allem das Grundlegende über die Weisheit unserer spirituellen Existenz zu begreifen. Himmel, Fegefeuer und Hölle sowie diese materielle Welt existieren auf spiritueller Ebene gleichzeitig. Deshalb müssen wir uns bewusst sein, dass wir gerade in diesem Augenblick und seit dem Zeitpunkt, da wir im Leib unserer irdischen Mutter empfangen wurden, Anteil an der Ewigkeit haben. All unsere Handlungen wirken in der Ewigkeit fort. Nur wenn wir eine Harmonie mit dem Geist aufbauen – falls wir zuvor nicht in dieser Harmonie gelebt haben – können wir (solange wir noch im Fleisch sind) unsere frühere disharmonische Beziehung in eine harmonische verwandeln und all die Momente, die wir vom Geist getrennt lebten, wieder in Ordnung bringen. Wir können diese Momente als „lieblose Momente" bezeichnen.

Diese Ordnung können wir nur wiederherstellen, solange wir im Fleisch sind, denn sobald wir sterben und den Körper verlassen, gehen wir vom Stadium der Gnade in das Stadium des Gerichts über. Im Stadium des Gerichts steht die Seele nackt da, entblößt vom Fleisch, nur mehr gehalten von den spirituellen Errungenschaften während ihres Erdenlebens. All die Lücken in der Liebe, die im Lauf des Lebens offen gelassen wurden, müssen in dem neuen Stadium gefüllt werden. Der spirituelle Körper muss vollkommen erleuchtet sein, damit er in der Lage ist, die selig machende Vision – den Schöpfer – zu sehen. Anderenfalls betritt er das Stadium der Reinigung.

Die Seele, die nicht mehr im sündigen Fleisch ist, die den Schöpfer als den Herrn erkennt, dem Bösen widersagt hat, jedoch noch nicht im vollkommenen Stadium der Reinheit und noch nicht vollkommen erleuchtet ist, befindet sich in einem Stadium der Heiligung. Sie muss sich allerdings darum bemühen, ihren spirituellen Körper wiederherzustellen, der aufgrund mangelnder Übereinstimmung zwischen Geist und Fleisch während des Stadiums der Gnade unrein geworden ist. Um zu Gott, dem Vollkommenen, von dem die Heiligkeit ausströmt, finden zu können, müssen wir das höchste Stadium der Reinheit erlangt haben.

Die unglaubliche geistliche Ignoranz, in der sich die Menschheit heute befindet, ist – wie der Herr mir gezeigt hat – schlimmer als in Babylon oder in Sodom und Gomorra. Sünde ist nicht mehr nur eine Übertretung, ein Verstoß, sondern sie ist zu einem „Way of Life" geworden. Für alles gibt es eine Rechtfertigung, so dass wir ganz unabhängig von den Zehn Geboten leben. Die Seele befindet sich in einem Zustand des Bankrotts. Den Menschen mangelt es an Kenntnis über den Bösen, der tatsächlich in ihrem Leben gegenwärtig ist.

Der Herr wendet sich an diejenigen, die in der Taufe die Gnade des Heiligen Geistes erhalten haben, und dies deshalb wissen sollten. Andere, die nicht auf Christus getauft wurden, wie Heiden, Juden oder Muslime, werden vor dem göttlichen Richterstuhl entsprechend ihrer geistlichen Talente, die der Herr ihnen gegeben hat, zur Rechenschaft gezogen. Das Traurige dabei ist, dass die überwiegende Mehrheit der Christen – über zwei Milliarden – das Evangelium nicht kennen und die gnadenvollen Lehren Christi aus dem Neuen Testament – der perfekte Wegweisung zur Erlösung – nicht in ihrem Leben umsetzen!

Satan wird als etwas Metaphorisches betrachtet, das mit der Realität nichts zu tun hat. Noch schlimmer – so sagt der Herr – ist es, dass die Kirche selbst in großen Teilen die Lehre über den Feind ignoriert, und zwar in einem solchen Ausmaß, dass der Begriff „Exorzismus" sogar innerhalb der Kirche Ursache für Verfolgung und Diskriminierung ist. Und das alles, weil das Evangelium entsprechend angepasst wurde, um dem Zeitgeist zu huldigen und die katholische Kirche zu protestantisieren. Denn man fürchtet, verlacht zu werden von einer Welt, die mehr darauf achtet, was politisch korrekt ist, als auf das, was wahrer Gottesverehrung entspricht.

Die Lehren Christi, die sich mit dem Bösen befassen, sind so ausführlich, dass – wie der Herr sagt – es völlig absurd ist, dass die Kirche diese Lehren ignoriert. Sie sollten vielmehr in jeder Katechese eine wichtige und lebendige Rolle spielen. Wenn wir nicht erkennen, dass unsere Pilgerschaft in dieser vergänglichen materiellen Welt ein Kampf um Leben und Tod der Seele ist, dann verschwenden wir all die Gnaden, die wir von unserem Herrn Jesus Christus erhalten haben – dem Schlüssel, dem wahren Weg und dem Wegbereiter für das ewige Leben!

Die Menschheit glauben zu machen, dass das ewige Leben erst dann beginnt, wenn das Fleisch stirbt, und nicht schon während des Lebens im Fleisch, ist die größte Falle, die der Feind uns gestellt hat. Wenn uns Jesus von etwas befreit hat, dann von dem gewaltigen Irrtum, den der Feind den östlichen heidnischen Religionen eingepflanzt hat: die Wiedergeburt. Wegen der okkulten heidnischen Praktiken des Ostens wurden die Menschen jahrhundertelang der Lehre Christi entfremdet. Jesus lehrt uns, dass wir nur ein einziges Mal im Fleisch leben. Die Seele kehrt erst beim Letzten Gericht wieder in einen materiellen Körper zurück, dann, wenn uns ein vollkommener Körper gegeben wird.

Die Schlauheit des Feindes, ständig das Göttliche nachzuahmen, soll die Menschen verwirren. Der Satan benutzt seine Kenntnisse aus der Zeit, da er ein Engel war – nämlich dass wir *ein* Leib sind, auf *eine* Abstammungslinie seit der Erbsünde zurückgehen, und dass deshalb unsere Ahnen nicht nur genetisch, sondern auch spirituell mit uns verbunden sind – und verdreht diese Vorstellung in die Lehre von der Wiedergeburt.

Die Tatsache, dass wir seit Adam und Eva Informationen über die Geschichte des Fleisches in uns tragen, nutzt Satan dazu, uns durch „Rückführung" all „unsere früheren Leben im Fleisch" zu zeigen. Viele Leute meinen, dass diese Leben zu ein und derselben Seele gehören. Dabei sind diese Leben in Wirklichkeit die unserer Vorfahren, die zu demselben Stammbaum gehören. Der Herr zeigte mir, dass wir einen einzigen Stammbaum bilden, der aus unseren Ureltern Adam und Eva hervorgeht; jeder von uns stellt einen Zweig dar. Durch diesen Zweig erhalten wir millionenfachen Segen als Folge guter Taten unserer Vorfahren. Es kommen jedoch auch für eine begrenzte Anzahl von Generationen Flüche auf uns; die orientalischen Heiden bezeichnen dies alles als Karma oder als Gesetz von Ursache und Wirkung.

Der Herr zeigte mir einen Fluss, den er mit dem Fleisch verglich. Wenn wir beispielsweise unsere Hand in den Amazonas hineinhalten, wenn wir uns im Quellgebiet der Peruanischen Anden befinden, dann berühren wir dasselbe Amazonaswasser, das durch Kolumbien fließt. Und wenn wir unsere Hand in Brasilien in den Amazonas tauchen, dann berühren wir denselben Fluss, der durch Kolumbien und Peru fließt. Das gleiche Wasser strömt durch ein ausgedehntes Flussbett. So verhält es sich auch mit dem menschlichen Fleisch, sagt der Herr: Ein unermesslicher Fluss sündigen menschlichen Fleisches entströmt seiner Quelle – Adam und Eva.

Der Herr erklärte mir, dass Er menschliches Fleisch genommen habe, Göttliches mit der Menschennatur vereint habe, es in den Fluss der Sünde getaucht, gekreuzigt, auferweckt und damit die Sünde des Menschen getilgt habe – von dem Moment der Geburt bis zur Erreichung der Mündung vor Seiner Wiederkehr.

Der Herr sagte, ein gewaltiger Teil der Menschheit heutzutage sei ein Produkt der Unzucht und nicht der Liebe. Millionen von Menschen seien inmitten abscheulicher Sünden gezeugt worden. Eine große Mehrheit dieser Menschen habe im Mutterleib Ablehnung erfahren, Millionen davon seien abgetrieben worden. Und diejenigen, welche in eine lieblose Welt hineingeboren wurden, schleppen nicht nur die Last der Erbsünde mit sich herum, sondern auch die Gräuel der Sünden ihrer Eltern.

Es ist wahr, dass wir durch die Taufe im Herrn Jesus Christus wirklich alle Gnaden erben, und dass wir frei werden von der Sündenschuld und den Fesseln unserer Vorfahren und Vergebung finden. Es ist ebenfalls wahr, dass wir, sobald wir von der Vernunft Gebrauch machen und zu sündigen beginnen, diese Gnade jedoch wieder verlieren und zu den Wurzeln des Bösen zurückkehren, in die wir hineingeboren wurden, und dass uns neue Fesseln umgelegt werden, die Fesseln unsere eigenen Sünden. Nicht die Sünde wird vererbt, da uns die Freiheit gegeben wurde, zwischen gut und böse zu wählen, sondern die Auswirkung der Sünde – darauf wies der Herr hin.

Die Welt könnte nicht dunkler sein, denn so vielen Millionen Menschen, die inmitten der schrecklichsten Sünden geboren wurden, fehlt es an der Liebe. Eine Woge der Feindseligkeit und des Hasses überflutet uns. Herzen werden abgelehnt und vernichtet, noch ehe sie den Mutterleib verlassen. Es ist eine Menschheit, die in der Mehrheit versucht, sich von ihrem Schmerz zu befreien, indem sie anderen in einer selbstzerstörerischen Art Leid zufügt. Auf diese Weise schafft sie sich eine Umgebung voll von Laster, Tod und Trostlosigkeit. Dieselbe Sünde, die durch sexuelle Unreinheit in unser Fleisch dringt, verwandelt sich in nichts anderes als in den Tod – nicht nur des materiellen Körpers, sondern auch der Seele.

Es ist eine Menschheit, die angesichts der Geißel von Begierde, Missgunst, Gier und Anbetung des Fleisches vor dem Fall des Geistes kapituliert und sich der materiellen Welt versklavt hat. Vergeblich sucht sie danach, die abgrundtiefe Leere, die durch die Abwesenheit Gottes entstanden ist, mit einem endlosen Meer an Sehnsüchten, Unruhe, fruchtlosen Ambitionen, Rache und Gewalt auszufüllen.

Jemand, der nicht aus der Liebe geboren wird, kann zu einem Brandherd der Gewalt und des Hasses werden. Nichts kann das Fehlen Gottes ersetzen. Uns bleibt dann nur die Liebe, die wir während unseres Lebens verschenken. Wenn wir uns von den menschlichen Gegebenheiten losmachen und uns dafür entscheiden, entsprechend unserer ewigen Natur zu leben, wenn wir jeden Moment unseres Lebens wertschätzen – zur Wiedergutmachung und als Posten auf der Habenseite in der wichtigen Bilanz der Erlösung –, dann werden wir damit beginnen, wahre Schätze in der einzigen königlichen Bank anzulegen, in die Bank des Himmels. Dieser Schatz ist die Liebe – das wahre Erbe und die Essenz des uns geschenkten ewigen Lebens.

Traurig zeigte mir der Herr eine Menschheit, die dem Abgrund des ewigen Untergangs allzu nahe gekommen ist. Trotzdem betonte der Herr, dass wir alle Seine Kinder seien und deshalb ein Recht auf Erlösung hätten, unabhängig vom Zustand der Sünde, in der sich unsere Seele befindet. Der Böse kann eine Fleisch gewordene Seele nicht gänzlich in Besitz nehmen. Im Augenblick des Todes erhält eine solche Seele die Gelegenheit, der Sünde zu widersagen und sich Gott zuzuwenden – und sich so zu retten, auch wenn sie in einem schrecklichen Zustand der Reinigung verharren wird.

Der Herr sagte: Wenn ein Baby aus dem Fleisch gezeugt wird, entsteht gleichzeitig ein weiteres „Baby", das „Seele" genannt wird, gezeugt aus dem Geist des Herrn. Beide bestehen in vollkommener Harmonie miteinander und mit Gott.

Sobald die Menschen heutzutage finanzielle Stabilität, menschliche Liebe, Macht und Ansehen gefunden haben, wenden sie sich dem Egoismus, einem Anspruchsdenken, der Eitelkeit, dem Stolz, der Gier oder der Lust zu. Sie tun dies in einem solchen Ausmaß, dass der Geist des Schöpfers beiseite gelassen wird und der Geist des Bösen Eingang in die Seele findet. Der Böse adoptiert die Seele wie eine Tochter und erzieht sie, um sie schlieslich am Ende ihres irdischen Lebens auf ewig zu beherrschen.

Das Verhältnis zwischen Geschöpf und Schöpfer bricht in dem Moment auseinander, da das Geschöpf meint, sein Leben selbst kontrollieren zu können. Dann beginnt die Vertraulichkeit mit dem Zerstörer, der sich noch eifriger darum bemüht, dem getäuschten Geschöpf die Überzeugung einzuflößen, dass es sein Leben selbst in der Hand hat. Im höchsten Grad dem eigenen Willen folgend, erhebt sich das Geschöpf zu einem Idol, das um sich selbst kreist und sich selbst genügt.

Es ist sicherlich wichtig zu verstehen, dass wir uns entscheiden müssen, auf welcher Seite wir stehen: auf der Seite Gottes oder der des Teufels. Entweder ist man ein Heiliger oder ein Dämon, ein Zwischending gibt es nicht. Entweder man gehört zu Gott oder zum Teufel. Wenn wir zu Gott gehören, dann umhüllt der Heilige Geist unsere Seele. Wir leben im Schoß Gottes, obwohl wir seit der Erbsünde auf Erden leibhaftig in einem materiellen Körper leben. Trotzdem kann die Seele für immer mit Gott vereint sein, schon in diesem materiellen Leben, wenn sie sich dafür entscheidet; anderenfalls landet die Seele in der Kloake Satans, in die er Tag für Tag seine Ausscheidungen – die Sünde – ablädt.

Der Herr zeigte mir meine Kindheit und den Zeitpunkt, an dem ich den ersten Schritt von Ihm weg getan hatte. Er nahm mein siebenundvierzigjähriges Herz und verband es mit meinem drei Jahre alten Herzen, nicht um mir zu sagen, dass ich diesen ersten Schritt bewusst getan hätte, sondern um mir zu zeigen, wie weit ein falsches Leben einen Menschen von Gott wegführen kann. Ausgehend von meiner eigenen Familie, von der anzunehmen ist, dass sie die Werte eines christlichen Lebens kennt, zeigte mir der Herr das Ausmaß der Verdorbenheit unter den Menschen von heute.

Er führte mich zurück in das Heim meiner Kindheit, in dem ich im Kreis der Familie, mit den Eltern, den Geschwistern und mit meinem Großvater, aufwuchs. Großvater schenkte mir ein wunderschönes Spielzeug, ein Feuerwehrauto, in einer so verschwenderischen Geschenkpackung, die jedes Kinderherz höher schlagen ließ. Ich wurde richtig wütend, dass ich so lange warten musste, bis die lange Zeremonie vorbei war, da ich das Spielzeug unbedingt haben wollte. Nach einer scheinbaren Ewigkeit wurde es mir überreicht.

Für ein dreijähriges Kind spielt es keine Rolle, von wem das Geschenk ist oder aus welchem Material es besteht, es möchte in seiner Unschuld nur damit spielen. Für einen Erwachsenen jedoch ist ein solches Spielzeug ein Objekt der Eitelkeit. Der Schenkende ist unbewusst mit Stolz erfüllt, ebenso die Erwachsenen, die beim Schenken zugegen sind.

Dem Geschenk wird viel Aufmerksamkeit gewidmet. Wenn das Kind es dann endlich erhalten hat, wird es zu einem Besitz. Es ist ein Objekt, das seinen Preis fordern wird, wie etwa, es mit anderen zu teilen; es ist etwas, das man einem Kind nicht wegnehmen kann, ohne dass es zu schreien anfängt – es sei denn, man verhandelt und tauscht es gegen ein anderes begehrenswertes Objekt. Es ist schwierig, den Ernst eines Austausches zwischen einem Erwachsenen und einem Kind zu verstehen. Der Herr zeigte mir, dass dies mein erster Schritt in Richtung einer Bindung und Versklavung an materielle Dinge war. Offensichtlich ist dies nicht bei jedem Geschenk, nicht bei jedem Spielzeug der Fall. Wenn wir mit unserem Herrn in Harmonie leben, haben wir die notwendige Einsicht und Weisheit, unsere Kinder zu erziehen, ohne sie zu Sklaven des Materialismus zu machen.

Als der Herr mich durch meine Kindheit führte, zeigte er mir Schritt für Schritt, wie ich allmählich immer abhängiger von der äußeren Welt wurde und meine Beziehung mit dem Heiligen Geist aufgab, die mich bisher in meiner ganzen Existenz durchdrungen hatte. Ich begann, meine Freude, das Gefühl der Geborgenheit und Liebe zu verlieren und wurde langsam zu einer Person, die beständig von menschlicher Zuneigung abhängig war, mit einem Verlangen, das auf die Sinne und Instinkte abzielte. Er zeigte mir, wie eine tiefe Bindung an unsere Eltern, Freunde und an jeden, dem wir in unserem Leben begegnen, an unsere Wohnorte und unsere Umgebung entsteht.

Der Herr zeigte mir, wie „spirituell behindert" ich mit sechzehn Jahren gewesen war, da ich inzwischen so tief in der Welt wurzelte. Mein Dasein wurde absolut leer und sinnlos, erfüllt von Ängsten und Trieben – eigentlich war es nichts anderes als die Abwesenheit Gottes in mir. Mit unendlicher Traurigkeit wurde ich nun Zeuge davon, wie ich mich von der Gnade löste, die mir bei der Geburt geschenkt worden war. Besonders hatte ich es versäumt, in der Gnade zu wachsen, als ich damit begann, die Sinne des Geistes zu zerstören und danach trachtete, die Sinne des Fleisches zu befriedigen – ein solches Verhalten ließ keine andere Zukunft als den Tod erwarten.

Es ist wahr, dass wir aufgrund der Erbsünde blind, taub und stumm gegenüber dem Geist geboren werden, bis wir vom Fleisch befreit sind. Wenn wir jedoch in Harmonie mit dem Geist aufwachsen, werden unsere Augen von Glauben erfüllt und finden wie mit einem Kompass den Weg durch diese Wüste – durch unser Exil. Mitten in dieser traurigen Lektion zeigte mir der Herr, wie die materielle Welt zu einem Mittel zum Heil oder zur Verdammnis werden kann, je nachdem, wie wir sie nutzen. Er gab uns diese materielle Welt, damit wir sie zu Seiner Ehre und Herrlichkeit verwalten und damit sie der Menschheit diene.

Wenn wir älter werden, werden wir immer mehr von der materiellen Welt beherrscht, wir stellen fest, dass wir uns immer weiter aus dem Bereich Gottes entfernen und in den Bereich Satans, des Fürsten dieser Welt, eintauchen. Wir verlieren unsere Unabhängigkeit wie auch unsere spirituelle, geistige und physische Gesundheit. Wir werden von unserer Schwäche beherrscht; die Hingabe wird durch eine oberflächliche Sexualität ersetzt.

Je mehr ich durch die Augen des Herrn auf mein Leben zurückblickte, desto mehr Schmerz empfand ich. Die größte Qual in dieser Prüfung bereitete mir die Erkenntnis, dass der Schlüssel zum Himmel das Kreuz des Herrn Jesus Christus auf Golgota ist. Ich hatte mein Leben ganz danach ausgerichtet, Schmerzliches zu vermeiden, ich trachtete um jeden Preis nach Bequemlichkeit und Angenehmen. Daher war ich zunehmend weniger offen für die Vorstellung, dass Leiden, Schmerz und Mühsal der wahre Weg zu vollkommener Vereinigung mit Gott und ein Weg der Reinigung sei.

Wenn sich unser Dasein zudem nur auf unser sterbliches Leben ausrichtet, können wir den ersten Schritt der menschlichen Tragödie erkennen: Wir wollen in dieser Welt glücklich werden, das ist unser Ziel. Doch dies lässt sich nicht verwirklichen – aus dem einfachen Grund, weil etwas, das nicht von Dauer ist, nicht vollkommen sein kann. Es ist wie der Versuch, auf den Wellen des Ozeans ein Haus zu errichten.

Als ich mein Leben in Deutschland betrachtete – ich war damals dreiundzwanzig Jahre alt –, überwältigte mich von Neuem eine Woge der Traurigkeit. Obwohl ich mich im Zug der neuen Kultur von „Frieden und Liebe" von dem Materialismus und dem so genannten „Establishment" losgesagt hatte, unterschied ich mich im Grunde in nichts von all den Leuten, gegen die ich mich auflehnte. Ich war gleichermaßen erfüllt von einer ungebärdigen Fleischeslust, stellte Ansprüche an die Welt und wurde von den Verlockungen des Teufels verführt.

Der Mensch stopft sich manchmal selbst voll mit moralischen Skrupeln, falschen Glaubenssätzen und scheinbar spirituellen Praktiken, um seine Unzulänglichkeit zu vertuschen und sich frei von Sünde und Schmutz zu fühlen. Das ist, wie wenn jemand sich nicht wäscht, jedoch kostbares Parfüm auflegt und die raffiniertesten Kleider trägt. Egal, wie sehr man sich darum bemüht, den Schmutz zu verdecken, er haftet einem an bis man gebadet und sich gereinigt hat.

Das Mysterium des Kreuzes ist der größte geistliche Schatz, den es gibt. Während der Herr mich auf mein Leben zurückschauen ließ, bemerkte ich mindestens tausend Mal, wie meine Augen auf das Kreuz gerichtet waren – an so vielen Orten, an denen ich in all den Jahren, da ich Gott so fern war, vorbei gekommen bin. Unabhängig von den Begleitumständen hatte ich jedes Mal, wenn mein Blick auf ein Kruzifix fiel, einen brennenden Ruf in mir vernommen. Da ich jedoch leider so taub gegenüber der Gnade des Heiligen Geistes war, drang nichts zu mir durch, keine dieser Begegnungen mit dem Kreuz rührte mich wirklich an. Aufgrund dessen, was der Herr mir über dieses Mysterium eingegeben hat, kann ich heute eine große Mehrheit der Christen ihr Kreuz „verkehrt herum" tragen sehen: Der wahre Sinn des Glaubens liegt nicht darin, dass wir dem gekreuzigten Herrn unsere Sorgen und Nöte bringen, damit unsere Probleme sofort gelöst werden. Er liegt auch nicht darin, dass wir vor dem Kreuz niederknien und unsere Schwachheit beklagen. All dies bedeutet nur, das Kreuz „verkehrt herum" zu tragen.

Zunächst müssen wir etwas sehr Wichtiges begreifen: Der Himmel schickt uns niemals etwas Schlechtes oder Böses. Gott möchte uns nicht unser Auto oder unseren Job wegnehmen. Er belastet uns weder mit einer Scheidung noch zerbricht Er eine funktionierende Beziehung. Er sendet uns keine Krankheit. – Die Quelle all der Trübsale ist die Sünde. Die Sünde kommt vom Bösen, der noch dazu von denen seinen Tribut fordert, die seinen Bereich betreten haben und von seinem höllischen Brot und Wein kosten, solange sie im Fleisch auf dieser materiellen Welt leben. Der Feind versucht uns, führt uns in die Sünde und verwandelt dann die Trübsal in Krankheit und Unglück; er ist der Verwalter unserer Fehltritte.

Viele der Sünden, die sich seit frühester Kindheit auf unser Leben auswirken, sind Folgen der Taten unserer Vorfahren. Nur wenn wir die Gnade, die wir in der Taufe empfingen, verloren haben, bekommen wir sie zu spüren; gleichwohl sind wir den uns anhaftenden Sünden und denen, die wir willentlich begehen, verfallen.

Die tatsächliche Berufung der Christen ist es, zu Füßen unseres gekreuzigten Herrn zu stehen, Ihm alles hinzulegen, so dass Er es nimmt, rein wäscht und wieder in Ordnung bringt, um uns schließlich frei zu machen. Wir sollten vor Ihn treten und sagen: „Herr, ich stehe zu Füßen Deines Kreuzes und werfe mich vor Dir nieder, um Dir meine Schmerzen, Leiden, Bedrängnisse, Belastungen, Krankheiten und alles, was mich bedrückt, abzugeben. Herr, nimm es bitte und lass Deinen Willen geschehen. Ich weiß, dass diese Prüfung nicht von Dir kommt, doch Du hast uns den Kreuzweg gelehrt. Du hast uns dazu berufen, unser Kreuz zu tragen und es mit dem Deinen zu vereinen. Mache mit meinem Schmerz, wie es Dir gefällt. Verwende ihn zum Heil meiner Seele, meiner Familie, oder was auch immer Du für richtig hältst. Ehre sei Dir, allmächtiger Gott. Wenn Du mich heilen möchtest, befreie mich von dieser Ungemach, dieser Krankheit und diesem Schmerz. Lob und Preis sei Dir, Herr!"

Das ist wahre Teilhabe am Kreuz. So wie Christus bei Seiner Menschwerdung Göttliches mit der menschlichen Natur vereinte, so müssen wir Menschen uns mit dem Göttlichen vereinen, indem wir Christus immer ähnlicher werden. So werden wir den Teufel besiegen.

Wenn der Teufel uns durch das Aufdecken unserer Sünde geißelt, beabsichtigt er, uns von Gott wegzubringen und in Verzweiflung zu stürzen. Wir sollten nicht einen Augenblick meinen, der Feind lasse von uns ab, wenn wir die Wahrheit über den Weg des Kreuzes erfasst haben! Denn sein Ziel ist nicht unsere Reinwaschung, sondern unsere Vernichtung. Mehr noch: Jedes Mal, wenn wir sündigen, machen wir Schulden; und Satans Absicht ist es, dafür zu sorgen, dass wir jede für eine begangene Sünde aufgenommene Schuld auf Heller und Pfennig zurückzahlen.

Dass gerade jemand wie ich das sagt, der ständig über Gottes Gebote gespottet hatte, mag absurd klingen, doch heute weiß ich: Wenn wir von der Gnade abgeschnitten sind, entstehen all unsere Gedanken und Handlungen im Schoß des Bösen, und wir können deshalb die Stimme Gottes weder erkennen noch verstehen. Die schlimmste Sünde der Menschen ist es, dass sie zugestimmt haben, mit der Sünde bis zum Äußersten zu gehen: Der Bruch in der Beziehung mit Gott führt zu weiteren Fehltritten, der Sünder selbst legt die Regeln fest – auf seinem Weg zu einem Bestimmungsort, an dem es keine Gnade gibt.

Der Herr betrachtet die Welt, in der wir heute leben, als ein von der Gnade getrenntes Universum, das in seiner spirituellen Schande untergeht. Sagte nicht der Herr: „Nimm dein Kreuz auf dich und folge mir nach?" Diese Aussage ist als Hinweis auf die ewige Erlösung zu verstehen! Einige Christen haben eine falsche Vorstellung von den Sünden und vom Kreuz: Anstatt ihre Kreuze zu tragen, teilen sie diese mit anderen. Jeder negative Umstand, jeder Misserfolg, jedes Leiden ist ihnen Anlass zur Verzweiflung; und man belastet seine Umgebung mit seinen Kreuzen, um das Gewicht nicht alleine tragen zu müssen. Wenn solche Leute krank werden, sorgen sie dafür, dass ihre ganze Umgebung in Mitleidenschaft gezogen wird. Wenn wir es mit solchen Menschen zu tun bekommen, ist unser erster Gedanke: Sollen wir uns auch noch mit deren Problemen belasten? Solche Leute finden immer jemanden, dem sie die Schuld für all das Negative in ihrem Leben geben können; und wenn mehrere davon zusammenkommen, singen sie ihr Klagelied im

Chor. Wie oft haben wir mit Leuten, die sich ständig beklagen, an einem Tisch gesessen und uns danach völlig fertig gefühlt, so als ob wir uns mit den schrecklichsten Krankheiten angesteckt hätten?

Das Schweigen angesichts des Kreuzes ist das wichtigste Geheimnis, um vollkommene Heilung und Wiedergutmachung zu erlangen. Wir sollten die Schmerzen, Probleme und Drangsale auf uns nehmen und sie dem Herrn aufopfern, anstatt sie anderen Menschen aufzubürden. Denn wenn immer wir unser Kreuz unserem Nächsten aufdrängen, bringen wir uns nicht nur um einen Schatz für die wahre Heilung, sondern häufen auch in unserer Seele Dunkelheit an, da wir es an Barmherzigkeit, Liebe und Respekt gegenüber unserem Nächsten fehlen lassen. Das Schweigen im Angesicht des Kreuzes öffnet uns die Tür zu der wahren Ruhe des Geistes.

Unser Verstand wird vor allem von der Vorstellungskraft verunreinigt. Wenn wir unsere Fantasie im Zaum halten, schaffen wir die Voraussetzung für einen wahrlich gesunden Verstand als Quelle edler Gedanken und der Liebe. Wir sollten unsere Vorstellungskraft in die Hand des Himmels legen und sie als etwas betrachten, durch das unser Schutzengel mit uns kommuniziert. Das Schweigen im Angesicht des Kreuzes bringt uns den kostbaren inneren Frieden inmitten der Einöde dieser schmerzerfüllten Welt.

Wir müssen unterscheiden zwischen der Sünde und dem Sünder. Nicht der Ehebrecher ist zu verurteilen, sondern vielmehr das sündhafte Begehen des Ehebruchs, das auf den Teufel zurückgeht. Wir sollen einen Dieb nicht deshalb verurteilen, weil er ein Sünder ist, sondern das sündige Stehlen, hinter dem Satan steht. Ähnlich verurteilen wir nicht den Lügner, sondern die Lüge, die von Satan verkörpert wird. Gleicherweise verurteilen wir die homosexuellen Akte, hinter denen wiederum der Teufel selbst steckt, und nicht den Homosexuellen. Wenn wir dies mit aller Deutlichkeit festgestellt haben, gelangen wir zu einem noch tieferen Verständnis des heiligen Kreuzes, da wir mit Liebe und Barmherzigkeit für unseren Nächsten erfüllt werden und daher auch barmherzig gegenüber uns selbst sind, eingetaucht in einen wahren Ozean ewiger Liebe, der vom himmlischen Vater aus zu Seinen Geschöpfen strömt.

Das Erwachen meiner Fleischeslust war mit ernsthaften Konsequenzen für mein Leben und für meine Umgebung verbunden. Sexuelle Unreinheit ist einer der tiefsten Abgründe, etwas, das uns am schnellsten Lichtjahre weit weg von der Gegenwart Gottes führt und uns Kompromisse mit den diabolischen Bereichen eingehen lässt. Ich wurde vom Herrn an die Wurzel der Sünden meiner Vorfahren geführt. Mir wurde gezeigt, wie ich diese Sünden – diesen schrecklichen Fluch – an zukünftige Generationen vermehrt weitergab.

Ich wurde in eine Kultur hinein geboren, in der man einer zügellosen Sexualität ausgesetzt ist. Schon früh nahm ich an mir selbst sexuelle Handlungen vor. Als ich meinen ersten Geschlechtsakt vollzog, stürzte ich in einen tiefen Abgrund der Unreinheit. Meine Kultur hatte sich für den Weg der vorehelichen Fleischeslust entschieden, anstatt die Reinheit und Keuschheit für die sakramentale Ehe mit ihrem Überfluss an christlichen Gnaden zu bewahren.

Der Herr zeigte mir, wie dieser erste Geschlechtsakt mich in das „Fleisch der Sünde" fallen ließ. Eine Sünde öffnete mir das Tor zur Sexualität; ich fiel aus der Gnade zurück in die Ursünde, als ob ich niemals getauft worden wäre. Ich verstrickte mich in all die Folgen der Sünden meiner Vorfahren und verlor meine geistliche Orientierung. Von diesem Zeitpunkt an richtete sich mein ganzes Leben am Fleisch aus, weit weg vom Geist. Meine Augen gierten danach, in die tiefsten Abgründe der Sexualität einzutauchen; wie Schwämme saugten sie jedes Detail auf. Jeder in meiner Umgebung stand für sexuelle Werte, es gab keine spirituellen Werte. Als Folge davon verlor ich unzählige Gnaden und das Kostbarste – den Frieden, den wir auch von unseren Nächsten erhalten, wenn im Stand der Gnade und Reinheit leben.

Meine unkeusche Sinnenlust und die zerbrochene Beziehung zu Gott waren der Grund dafür, dass ich meinen Frieden verlor. Die Unreinheit, die uns in diesem Zustand umgibt, erfüllt unsere Seele mit Scham und bewirkt, dass wir – wie unsere Stammeltern – die Augen vor Gott verschließen. Nur durch strengste Opfer und Akte wahrer Umkehr können wir die Gnade der Reinheit in unserer Sexualität wiedergewinnen, nachdem wir sie über Jahre hinweg verloren hatten. Wenn wir die Sünden des Fleisches nicht während unseres irdischen Lebens wieder in den Griff bekommen, führen sie uns in die fürchterliche Gegenwart der Dunkelheit und des Leidens, die uns von Gott trennen, wenn wir einmal aus dieser Welt scheiden und uns dem göttlichen Gericht stellen.

Vor allem die atheistische Wissenschaft, in der man Gott abgeschafft hat, trug dazu bei, dass so viele Seelen verloren gingen. Wenn man versucht, seine Existenz rational zu erklären und meint, ein Produkt der Evolution zu sein, schafft man eine Kultur des Todes und steckt damit eine ungeheure Mehrheit der Menschen an. Eine der größten Miseren und eines der schlauesten Werke des Bösen ist es, diese spirituelle Ignoranz der Menschen auszunutzen und mit ihnen wie mit Puppen zu spielen. Nach der atheistischen Wissenschaft stellt die Sexualität eine physiologische Notwendigkeit dar, die nicht nur die Homosexualität rechtfertigt, sondern auch jeder hemmungslosen Fleischeslust Tür und Tor öffnet. Der Herr sagte mir, dass die Sexualität keine Notwendigkeit sei, sondern eine Funktion. Schließlich kann man auch ohne ein Sexualleben auskommen; man kann sich dann zwar nicht fortpflanzen, doch man stirbt nicht und verkümmert auch nicht, weder physisch noch emotional.

Die größten Tore zur Hölle wurden durch solche obskuren Elemente der atheistischen Psychologie und aller derartiger Lehrmeinungen geöffnet! Sie zeigen die primitivste Natur des Menschen auf und reduzieren ihn auf ein einfaches geschlechtliches Wesen ohne jegliche Beziehung zur Seele. Der Herr sagte, dass diese Wissenschaftler und alle, die deren Lehren anhangen, durch die Abtreibungen mehr Tod in die Welt gebracht haben als alle Kriege der Menschheit seit Anbeginn der Zeiten. Das sakramentale Eheleben wurde zerpflückt und in ein bloßes körperliches Verhältnis zwischen menschlichen Wesen verwandelt, was Instabilität, Untreue und Promiskuität zur Folge hatte.

Weltweit erfahren Millionen von Kindern Ablehnung, kaum dass sie geboren wurden. Statt zum Salz der Erde zu werden, werden sie zum Brennstoff der grausamen Feuersbrunst gegen Moral und Sitte, in dem Tausende von Seelen im Laufe der Menschheitsgeschichte den Tod fanden. Die unbeschreibliche Tragödie, dass die Seele durch den Dreck der Welt geschleift wird, hat ein Nachspiel: Es führt zu einem Zustand der Grausamkeit und Kälte gegenüber den Menschen.

Jeder sündhafte Akt der Wollust scheint eine innere Verwandlung zu bewirken, die den Menschen allmählich all seiner geistigen Existenz beraubt. Dies kann nur zu einem vorzeitigen Tod der Seele führen, deren Leichnam der Böse durch die Tore der ewigen Verdammnis treibt.

Ich konnte mich zu diesen lebenden Toten zählen. Jahre nach dieser Begegnung mit dem Herrn kann ich heute Tausender lebender Toter sehen, die, berauscht von der Unreinheit, direkt auf den Abgrund der ewigen Verdammnis zusteuern. Es ist, wie wenn man einem Leichenbegräbnis zusieht, bei dem eine Leiche nach der anderen in einen riesigen Friedhof eintritt. Wir haben jeglichen Respekt für das Leben verloren. Wir leben in einer gierigen Welt, die an ihren unersättlichen Begierden erstickt. Der Herr zeigte mir, dass das Fehlen weltlicher Begierden ein Zeichen Seine Gegenwart in uns ist, während ein Übermaß von weltlichen Begierden Ihn von uns fernhält. Je mehr wir der Welt anhangen, desto weniger sind wir mit Gott verbunden.

Heutzutage gehen sehr viele Seelen aufgrund der Gier und zügelloser Begierden verloren. Die stärksten

Bindungen entstehen durch menschliche Gefühle, Geld, Macht und materiellen Besitz. Es ist, wie wenn man mitten im Ozean ertrinkt und nach einem Seil sucht, an dem man sich festhalten kann und das einen sicher ans Ufer bringt. Wenn wir es am wenigsten erwarten, stellen wir fest, dass wir ganz dem Äußeren verhaftet sind, bar eines inneren Lebens. Das ist der Anfang vom Ende. Ein Mensch ohne ein Innenleben ist wie ein Ballon ohne Luft.

Alles, was wir besitzen, muss „gehegt und gepflegt" werden. Für einen Stuhl müssen wir den geeigneten Platz finden, wir müssen ihn instand halten, und so ist es mit all unseren materiellen Besitztümern. Falls wir unserer Spiritualität einen hohen Stellenwert beimessen, müssen wir uns umblicken und unsere Besitztümer bewerten, um herauszufinden, was wir tatsächlich brauchen und was wir entbehren können. Wir werden überrascht sein festzustellen, dass die meisten von uns derart von ihrem materiellen Besitz erdrückt werden, dass wir als dessen Sklaven enden. Es gibt Leute, die es soweit gebracht haben, dass sie nicht umziehen, nur weil sie all ihre Besitztümer nicht mitnehmen können, und deshalb so manche Gelegenheit versäumen, ihr Leben zu verbessern. Ihr Leben wird zu einer absurden Ironie.

An materiellen Besitz gebunden zu sein ist schlimm; noch viel schlimmer jedoch ist es, sich an Menschen zu binden. Sexuelle Unreinheit macht einen Menschen sehr unsicher; sie kann zu einer schwerwiegenden Nervenkrise mit tiefer Depression, Eifersucht, Besitzdenken, manipulierendem Verhalten, Boshaftigkeit, Grausamkeit, Morbidität und Misstrauen führen. Für jemanden, der ein unreines Leben führt, ist es typisch, dass er befürchtet, die zu verlieren, die ihm Sympathie entgegenbringen. Und gerade diese sind es in der Regel, die einen solchen Menschen noch mehr leiden lassen, und mit denen er am grausamsten umgeht. Es ist, als ob die Unreinheit uns dazu bringt, unsere eigene sündhafte Natur zu hassen und all das heftig abzulehnen, was die Reinheit verkörpert. Mit einem Brotmesser kann man auch einen Menschen erstechen – es geht nicht um das Messer (dem materiellen Instrument), sondern um das Böse an sich und um unsere Beziehung dazu.

Das richtige Verhältnis zwischen den menschlichen Geschöpfen und der materiellen Schöpfung bildet die Basis unserer reinen Beziehung zu dem Schöpfer. Sind wir Sklaven der materiellen Welt, dann beten wir statt den Schöpfer die Schöpfung an; wir sind somit abgetrennt und abgeschnitten von der Gnade. Die Lehren des Herrn über dieses spezielle Thema sind so umfassend, dass ich mehrere Bücher damit füllen könnte, um den Reichtum all dessen festzuhalten, was ich erfahren habe!

Er erzählte mir, dass Satan Dinge, die in der Welt geschehen, nachäffen würde, um uns zu täuschen. Wenn man die Menschheitsgeschichte betrachtet, sieht man, wie Satan sich das erste Mal verstellte und unsere Stammeltern, Adam und Eva, betrog, als er sie dazu verführte, von der verbotenen Frucht des Baumes der Erkenntnis von Gut und Böse zu essen. Dadurch brachte Satan die Sünde als alternative Handlungsweise in die Welt.

Seit Satan uns dazu verführt hat, die Schöpfung anzubeten, hält er uns davon ab, den Schöpfer als die wahre Quelle unendlicher Weisheit anzubeten. Wir können den Einfluss dieses Unabhängigkeitsdenkens in unserer Menschheitsgeschichte genau beobachten. Jemand, der sich von Gott abgewandt hat, ist davon überzeugt, dass das, was die Schöpfung zur Verfügung stellt, die Möglichkeit eröffnet, unabhängig von Gott zu sein bzw. sich selbst zu genügen. Der Kreislauf, der mit der Vertreibung aus dem Paradies begonnen hat, beginnt sich zu schließen: Heute, da wir uns in der Endphase der Erlösungsgeschichte befinden, ist der Vorschlag des Feindes, die Schöpfung anzubeten, verlockender und überzeugender denn je. Alles, was wir heute über die New-Age-Bewegung kennengelernt haben, beruht auf diesem Geist: Jede heidnische Philosophie des Ostens, jeder okkulte metaphysische Pakt, all das esoterische Wissen, Magie, Wahrsagerei, Aberglauben, Spiritismus und astrologische Karten bringen uns nahe, mit Hilfe der Kräfte der Natur zur Selbsterkenntnis zu gelangen – Kräfte der Natur, die in ihren eigenen spirituellen Eigenschaften dargestellt werden.

Der Herr erklärte mir in aller Deutlichkeit, dass ohne den Schöpfergeist nichts in der Natur irgendwelche Macht besitzt – weder Mond, Sonne, Sterne, Planeten noch Pflanzen, Kristalle, Talismane oder Amulette. Weder Hexen noch Zauberer besitzen irgendwelche Kräfte.

Der letzte Angriff des Bösen gegen die Menschheit begann in den fünfziger Jahren des letzten Jahrhunderts – es war die letzte „Taufe" des Bösen. Das Heidentum hatte still und heimlich damit begonnen, sich in Position zu bringen, um das Herz der westlichen Christenheit zu erobern. Die Mächte des Bösen bereiteten diese menschliche Bühne für eines der größten und schrecklichsten Darbietungen vor, welche die Menschheit je gesehen hat: die Vergötterung des Menschen. Niemals zuvor wurde der Mensch derartig angebetet.

Die ersten großen Idole gingen in den USA und in Großbritannien aus der Musikszene hervor; es waren solche Künstler wie Elvis Presley, der bald als „The King" bekannt wurde, und die Beatles, bei deren Anblick die Fans reihenweise in Ohnmacht fielen. Man betete den materiellen Wohlstand und die Macht der „Reichen und Schönen" an, wie sie in Klatschblättern wie dem *Fortune Magazin* abgebildet wurden. Sportgrößen, Angehörige von Königshäusern und andere in der Öffentlichkeit stehende Personen wurden zu politischen Berühmtheiten; Schauspieler in Film und Fernsehen und ehrgeizige Künstler wurden für Millionen von Menschen in aller Welt zu Objekten der Götzenverehrung.

All dies wurde vom Fürsten der Dunkelheit begleitet, der nicht einen Moment ungenutzt ließ, seinen „Katechismus der Hölle" mit Hilfe des neuen Heidentums zu verbreiten, das sich im Leben dieser Stars breitmachte. Einer nach dem anderen begannen sie, sich öffentlich zu dieser oder jener meditativen Praktik zu bekennen: Reinkarnation, Aberglaube, Wahrsagerei, die sieben Yoga-Stufen und all die anderen schon erwähnten Formen. Die Schlauheit des Bösen ist so groß und seine Strategie so subtil, dass man selbst in christlichen Kreisen nur Hohn erntete oder gar unter Nachstellungen und Diskriminierung zu leiden hatte, sobald man diese Praktiken missbilligte oder anprangerte.

Unzählige Menschen sowie die Mehrheit der Christen wurde von dieser Woge der spirituellen Dunkelheit erfasst, die sie fort von Christus, ihrem bisherigen Zentrum, in einen unglaublich tiefen Abgrund der Illusion hinab spülte. Sie sind jedoch davon überzeugt, zum Licht vorgedrungen zu sein, da es der größte Trick des Teufels ist, sich als Engel des Lichts zu tarnen. Jede heidnische Philosophie, jedes metaphysische Bündnis mit dem Okkulten, jede esoterische Ausrichtung und alle sieben Yoga-Stufen sprechen von der Liebe, davon, auf materielle Dinge zu verzichten, um zur universellen Harmonie zu gelangen. Sie zeichnen ein Bild der Liebe – einer Vorstellung, der man kaum zu widerstehen vermag, wenn man einen schwachen Glauben hat und auf dem Weg der Sünde verharrt. All diese wunderbaren Lehren machen uns glauben, dass letztendlich jeder von uns Gott ist.

Vielen Kindern, die in den fünfziger Jahren geboren wurden, legte man schon in die Wiege riesige Kristalle; ihr Leben wurden – entsprechend den heidnischen Gepflogenheiten ihrer Eltern – von astrologischen Diagrammen oder Tarot-Karten bestimmt. Viele dieser Kinder wurden auf den Namen eines herausragenden Magiers getauft, sie wurden als „Reinkarnationen" mit vorherbestimmtem Schicksal empfangen oder wuchsen als Knechte von Numerologie und mystischer Kabbalah auf. So lebten sie in einer von Gott getrennten Welt und drangen immer tiefer in das Heidentum ein, indem sie schließlich selbst dazu beitrugen, sich noch weiter von dem spirituellen Licht entfernen.

Was beabsichtigt der Böse mit einer so gravierenden Verstümmelung unseres christlichen Lebens? Möchte er uns der Waffen berauben, die wir mit so vielen

Segnungen durch Generationen der Christenheit hindurch erhalten haben? Vorangegangene Generationen führten ein an Spiritualität reiches Leben und hinterließen den nachfolgenden Generationen das gewaltige Zeugnis eines Lebens im Geiste Gottes. Ohne jene Waffen können wir uns nicht verteidigen und unsere Kinder nicht vor den Fallstricken des Teufels bewahren. Ohne Schutz werden wir angesichts der Ereignisse, die über die Menschheit kommen werden, in Bedrängnis geraten.

Der Herr möchte so dringend von uns, dass wir unsere Arme, Lippen, den Verstand und das Herz dazu gebrauchen, den Plan der Erlösung zu verbreiten. Dieser materielle menschliche Körper, der Tempel, in dem Gott selbst gegenwärtig ist, ist unser physisches Eigentum. Wir sind dazu berufen, in das Haus Gottes zurückzukehren, all die Götzen zu stürzen und von Neuem zu lernen, Ihn anzubeten, damit Er uns wieder einsetzt und die Waffen zurückgibt, die wir verloren haben, während wir aufwuchsen und Geschöpfe verehrten und unsere eigene Herrlichkeit inmitten der Trügereien des Feindes suchten. Wir sind gerufen, all unsere Verderbnis loszuwerden und den Tempel Gottes in uns zu reinigen, damit er nicht länger die Latrine des Satans sei, und zu der ursprünglichen Taufgnade zurückzukehren. Und falls wir nicht getauft sind, sind wir gerufen, die heilige Taufe in Christus, unserem Herrn, zu empfangen und den rechten Weg zu finden, die absolute Wahrheit, die das ewige Leben ist.

Dies sagte der Herr und zeigte mir ein recht trauriges Bild meiner Seele: Eine wüste Einöde, in der sich die Sünde über so viele Jahre meines Lebens hinweg angesammelt hatte, als ich in der absoluten Dunkelheit meinen Weg ging und jeder Schritt mich dem Tod näher brachte. Doch gleichzeitig zeigte Er mir die Gnade Seiner grenzenlosen Barmherzigkeit, Seine unendliche Liebe.

Während dieser Begegnung mit Gott wusste ich nicht, dass ich in die materielle Welt zurückkehren würde. Er führte mich durch diese Erlebnisse, als ob es mein persönliches Gericht sei. Heute verstehe ich den Grund: Es ergibt einen Sinn, dass ich, nachdem ich einem persönlichen Gericht unterworfen worden war, noch viele Jahre darüber Zeugnis ablegen und dies schreiben kann. Dabei leide ich jedoch unter den Beschränkungen der menschlichen Sprache, eine göttliche Offenbarung zu beschreiben. Ich vertraue darauf, dass der Heilige Geist im Herzen des Lesers den Reichtum dieses eingegebenen Wissens vervollständigt, das ich nicht in der Klarheit wiedergeben kann, in der ich es empfangen habe.

Ich zweifle nicht im Geringsten daran, dass der Herr in Seiner unendlichen Weisheit mich dies erleben ließ, damit ich ein weiterer Zeuge Seiner Herrlichkeit werde – nicht, weil ich etwas Einzigartiges oder Besonderes wäre oder irgendwie bevorzugt würde, sondern weil der Herr uns zeigen möchte, wie Er sich mehr in unserem Elend als in unseren Verdiensten verherrlicht. Indem Er einen Sünder als Sprachrohr Seiner Gnade erwählt, lädt Er uns dazu ein, mehr auf Seine Barmherzigkeit zu vertrauen als auf die Verdienste, um die wir uns bemühen, um Ihm näher zu kommen. Dass Er mich aus den zerstörerischen Fallgruben Satans rettete, ist ein deutliches Beispiel dafür, wie sehr Er sich selbst in dem Sünder verherrlicht, um uns aus dem Würgegriff des Feindes – der Sünde – zu lösen und zu befreien. Ich erhielt in diesen Lektionen meines göttlichen Meisters die Gewissheit, auf Jesus mein Vertrauen zu setzen, Ihm zu glauben, für Ihn zu leben und Ihn in meinem Herzen zu empfangen und nie wieder loszulassen.

Der Zustand, in dem ich mich während Seiner Lektionen, in der Gegenwart Seiner Stimme befand, ist sehr schwer zu beschreiben. Während Er mit mir sprach, sah ich, worauf Er sich bezog – ich kann es nur so umschreiben: Alles, worüber Er sprach, nahm vor meinen Augen Gestalt an.

Es ist für das spirituelle Erwachen eines jeden von uns äußerst wichtig zu erkennen, dass wir in einem menschlichen Körper aus Fleisch wohnen, der ein Produkt der Sünde ist. Und wenn wir ein Produkt der Erbsünde sind, macht uns dies indirekt zu Partnern desjenigen, der diesen Sündenfall ausgelöst hat. Es ist wie bei einer Frau, die von einem Mann verführt wurde, der seinen sexuellen Appetit an ihr stillte, sie dann schwanger sitzen ließ und aus ihrem Leben verschwand. Er hinterließ in ihr einen bedeutenden Teil von sich. Egal, wie man es dreht und wendet: Dieser Mann ist der Vater des Kindes, nichts führt an dieser Tatsache vorbei. Genau dasselbe geschieht mit uns durch die Sünde.

Durch unsere Vorfahren treten wir in eine Beziehung zu dem Bösen, und egal, wie wir diese bezeichnen – er ist der Vater der Sünde des Fleisches. Seinetwegen werden wir seit Eva unter Schmerzen geboren, um unter noch größeren Schmerzen zu sterben. Diese Realität müssen wir uns ganz konkret zu eigen machen, wenn wir unsere Schwachheit, unsere Not, unsere Zerbrechlichkeit und Verletzlichkeit verstehen wollen, genauso wie das Böse, das aufgrund unserer geerbten Natur in uns ist. Wenn wir das verstanden haben, gelangen wir zu einer wirklichen Einheit mit dem Geist. Und die beständige Einheit von Körper und Seele ist wesentliche Voraussetzung für die Einheit mit Gott. Wenn wir keine Liebe für unser Fleisch empfinden, hat die Welt uns nichts zu bieten. Wenn wir nicht an unserem physischen Leib hängen, hat der Böse keine Chance, uns zu verderben. Das Fleisch wird zu unserem schlimmsten Feind, wenn wir seine sündhafte Natur nicht klar erkennen.

Gewappnet mit diesem Wissen kann unser Geist damit beginnen, unseren Leib so zu trainieren, wie man ein Pferd trainiert: Wenn wir dessen Eigenart kennen, können wir es zähmen und abrichten. Ein zugerittenes Pferd ist nützlich für die Arbeit, es erleichtert als „Transportmittel" die Durchführung vielfältiger Aufgaben. So erleichtern auch wir es der Gnade Gottes, in unserem Leib Wohnung zu nehmen und ihn zum wahren Tempel des Heiligen Geistes zu machen. Wenn wir das Fleisch in strengem Gehorsam dem Heiligen Geist unterwerfen, werden wir merken, dass der Heilige Geist es ist, der „darauf reitet". Der Herr wird in uns wohnen und wir in Ihm. Dies hat zur Folge, dass wir mit unserer guten Natur in Einklang leben und die Zügel unserer schlechten Natur in beiden Händen behalten, bis wir unser „Transportmittel" im Grab abstellen und uns in die himmlischen Gefilde erheben, losgelöst von der Verderbnis des Fleisches.

Wir leben in einer kurzlebigen Welt, die schneller vergeht, als man denkt. Der Herr zeigte mir diese materielle Welt – ich konnte sie als einen kurzen Augenblick in der Ewigkeit erkennen. In diesem kurzen Augenblick gehen Tausende von Seelen verloren, geblendet und in der Überzeugung umherirrend, sich für etwas Reales und Dauerhaftes abzumühen. Es ist traurig, so viele Menschen in die Falle all der Selbstverwirklichungs-Techniken tappen zu sehen, die sie glauben machen, durch persönliche Weiterentwicklung jedes Ziel in ihrem Leben erreichen zu können, da sie aus eigener Kraft alles fertig brächten, was sie nur wollten. Positives Denken und all die unglaublichen Fallen des Selbstwertgefühls – eines Produktes der atheistischen Wissenschaften des New-Age – machen die Dunkelheit aus, die die Vergötzung des Menschen so weit vorangetrieben hat, ihn davon zu überzeugen, dass er die völlige Kontrolle über sich selbst besitzt.

Noch trauriger machte es mich, als ich erkannte, dass all diese Irrtümer in unsere Kirche eingedrungen sind. Durch die Gnade Gottes entdeckte ich, dass viele Priester, Ordensleute und Laien Methoden der östlichen Meditation, Silva-Techniken, das Enneagramm und so viele andere dunkle Elemente übernommen haben. Deshalb bieten einige Bereiche unserer Kirche ein Bild spiritueller Dekadenz, belastet mit der absurdesten intellektuellen Einfalt: Der schlimmste Fehler, den ein Mensch auf dem Weg zu spiritueller Vollkommenheit begehen kann, ist es, seine Intelligenz zu bemühen, bevor er sich unter die göttliche Weisheit des Herrenwortes gestellt hat. Es gibt nichts Schlimmeres in unserer Kirche als einen intelligenten, studierten und kultivierten Priester mit imponierendem Gehabe, in dem der Geist des Herrn nicht gegenwärtig ist, da Er in solch einem anmaßenden Gebäude keine Wohnung nimmt.

Damit möchte ich eine gute Erziehung, Kultiviertheit oder menschliche Würde keineswegs verdammen, doch ich meine, man kann kein Gebäude vom Dach her errichten. Wenn in der Ausbildung der Seminaristen – wie ich leider feststellen musste – mehr Aufmerksamkeit auf die intellektuelle, philosophische und theologische Bildung gelegt wird als auf das spirituelle Wachstum in der Beziehung zu Gott sowie auf die Beherrschung des Fleisches und die Orientierung an der mystischen Gegenwart des Leibes Jesu, dann bilden wir leider Priester, Ordensleute und Laien aus, die für die Welt bestimmt sind und nicht zur Verherrlichung Gottes und zur Rettung von Seelen.

Obgleich die Priester Gott in der Welt dienen, sollte all das Wissen, das sie in ihrer religiösen Ausbildung erhalten, nicht dazu benutzt werden, der Welt Rechnung zu tragen, sondern die Gerechtigkeit, die Barmherzigkeit und die Gebote Gottes aufzuzeigen, damit die Menschen an das Evangelium glauben. Vor allem sollte das Wissen der Priester dazu dienen, all die tatächlichen Sachverhalte darzulegen, mit denen die Menschen zu jeder Zeit konfrontiert werden können. Die Wahrheit, die unser Herr Jesus Christus lehrt, ist einzigartig, ewig und unveränderlich. Wenn wir die gegenwärtige Lage betrachten, fällt es uns leicht, die Botschaft der Dunkelheit deutlich zu verstehen, sobald man die okkulten Wissenschaften, die heidnischen Glaubensvorstellungen des Ostens, die wissenschaftlichen Konzepte der Selbsterkenntnis und all das schon Erwähnte unter die Lupe nimmt.

Weshalb wurden die Praktiken des New-Age innerhalb der letzten siebzig Jahre so populär? Durch diese wurde nicht nur das Böse verbreitet, sie waren auch der Grund dafür, dass so viele Menschen in die spirituelle Finsternis abglitten; ganze Generationen von Christen wurden innerhalb weniger Jahrzehnte zu Heiden. Dahinter steckt die deutliche Absicht des Bösen, die Menschen auf eine primitive spirituelle Ebene zurückzubringen, ähnlich der Zeit drei- oder viertausend Jahre vor Christi Geburt, als man meilenweit von einer Hoffnung auf Erlösung entfernt war. Das Böse führte die Menschheit in ein Stadium des spirituellen Rückschritts, anstatt den Menschen an der Gnade einer Weisheit teilhaben zu lassen, die sich seit der Auferstehung unseres Herrn über zweitausend Jahre hinweg angesammelt hat. Es ist nicht verwunderlich, dass der Mensch dekadent wurde und sich selbst so sehr verherrlicht und vergötzt!

Als eine Folge davon erreichte die sexuelle Unreinheit ein Ausmaß, das sogar Sodom und Gomorrha, Babylon und das römische Imperium übertrifft. Die Gewalttätigkeit wurde zu einem Industriezweig; das Verbrechen der Abtreibung greift immer weiter um sich. Die Kirche wird ins Lächerliche gezerrt; religiöses Leben als eine Art von Fanatismus abgestempelt ... Mein Erlebnis mit der Stimme des Herrn ist sehr umfassend; ich könnte zu diesem Teil meiner Vision noch so viel mehr schreiben, doch ich will es dabei bewenden lassen und mit der nächsten Etappe meines Erlebnisses fortfahren.

Die Begegnung mit dem Herrn

Als ich mich umschaute, um herauszufinden, woher die Stimme des Herrn kam, fand ich mich in einem kleinen See stehend und bis zur Taille von kristallklarem Wasser umspült. Ich stand da mit ausgestreckten Armen, blickte auf und bemerkte, dass ich mich in drei verschieden Zuständen befand: Einmal befand ich mich in der „Fledermaushöhle", dann in diesem See, und schließlich lag ich ausgestreckt im Gras, während ich die Stimme des Herrn hörte, der mir die umfangreichste Lehre meines Lebens erteilte: über die menschliche Natur, unsere Beziehung zu Gut und Böse und über all das, worüber ich bisher geschrieben habe.

Ich war mir nicht nur dieser drei unterschiedlichen Zustände sehr genau bewusst, sondern nahm genauso deutlich nahm wahr, in welcher Beziehung sie zueinander standen. Gewiss erscheint Ihnen das so unvorstellbar wie mir, dabei vermag meine Beschreibung nicht einmal einen Hauch der Vollkommenheit, des Friedens und der absoluten Weisheit wiederzugeben, in der dies alles geschah!

Als ich aufschaute, erregte zunächst der See meine Aufmerksamkeit. Um mich herum spürte ich die Gegenwart eines immensen goldenen Felsens, man kann ihn unmöglich beschreiben. Er schien so riesig wie das Universum zu sein. Doch trotz der unvorstellbaren Größe konnte mein menschlicher Verstand ihn noch erfassen. Sogar etwas viel Gewaltigeres nahm ich in dieser großartigen Erscheinung wahr. Obwohl mein Herz die Gegenwart des Herrn spürte, wollte ich im See verschwinden. Doch als ich mich auf den Gipfel des Felsens konzentrierte, gab mir Seine majestätische Güte, die auf unglaubliche Weise hervorleuchtete, Kraft und Stärke. Ich schmolz in Seiner Gegenwart völlig dahin. Meine Begegnung mit dem König lässt sich nicht in Worte fassen; Seine Ausstrahlung durchdrang mich so vollständig, als ob ich mit Ihm vereint sei.

Das erste, was ich von meiner Begegnung beschreiben kann, ist die Manifestation des Heiligen Geistes, durch den ich die Taufe empfing und mit dessen Hilfe ich all diese Erlebnisse mit dem Herrn erst richtig erfassen konnte. Das größte aller Geschenke ist der bei der Taufe empfangene Segen des Heiligen Geistes sowie die Möglichkeit, eine dauerhafte persönliche Beziehung zu Gott aufzubauen. Wenn wir doch nur der Salbung durch den Heiligen Geist, die wir in der Taufe empfangen haben, die entsprechende Wertschätzung entgegenbringen würden! Mit diesem Geschenk geht die Gnade einher, die Vollkommenheit, die vollkommene Existenz des Himmels, die Existenz von Fegefeuer und Hölle sowie unser Verhältnis zu Gut und Böse zu erkennen.

Wenn die Seele vor dem Richterstuhl unseres Herrn steht – so wie die meine –, wird es nichts geben, was ihr unbekannt ist. Alles wurde uns durch das Wirken des Heiligen Geistes eingegeben. Die Sünde bewirkt, dass diese Weisheit in uns verschüttet wird, und wir uns dadurch selbst von der Gnade abtrennen. In der Gegenwart Gottes weiß die Seele jedoch alles. Sie gerät nur dann in staunende Verwirrung, wenn sie in dem Moment, da sie vom Fleisch befreit ist – oder nach dem physischen Tod – mit ihrer Beziehung zum Bösen konfrontiert wird.

Dann ist die Seele überrascht, denn niemals hätte sie sich vorgestellt, so fern von Gott gewesen zu sein; nie hätte sie es für möglich gehalten, die Verbindung zum Heiligen Geist so beschädigt zu haben. Es gibt nichts, was diesen unendlichen Schmerz im Moment des göttlichen Gerichtes stillen könnte!

Ich sah die göttliche Gegenwart in ein majestätisches Licht getaucht. Gleichzeitig erschien das schönste Farbenspektrum, an dem sich je ein Auge erfreut hat; die Farben wirkten lebendig, da sie sich ständig in lebhafter Bewegung befanden. Es gibt in der materiellen Welt nichts mit diesem Licht und diesen Farben Vergleichbares! Inmitten der Strahlen, in denen der Herr mir erschien, variierten das Licht und die Farben: Sein Haar war schulterlang und schimmerte in verschiedenen Goldtönen – von sehr hellen bis zu den dunkelsten Schattierungen.

Als ich dem Herrn in das Antlitz schaute, tauchte ich ganz in Seine Augen ein, die unendliche Liebe und Barmherzigkeit waren. Sie veränderten ihre Farbe von einem Gelb über Blau zu einem Grün – Farben, die einen liebkosten und gleichzeitig die größte Erleichterung brachten, die sich eine Seele nur wünschen kann. Wenn man in die Augen Jesu sieht, weiß man, dass man die absolute Realität einer spirituellen Existenz gefunden hat. Es gibt nichts, das ich mir jemals mehr zu sehen wünschte als Seine kostbaren Augen! In ihnen liegt die absolute Fülle! Eine Seele, die in ihrem Erdenleben nach persönlicher Erfüllung sucht, kann diese nur in den Augen des Herrn finden. Nur Er kann den Durst der Seele nach dem Licht stillen.

Während unseres Erdenlebens sind wir alle schwierigen Prüfungen und Versuchungen unterzogen, manchmal deshalb, weil wir aufgrund der Sünde nicht im Zustand der Gnade sind. So oft verschwenden Menschen ihr Leben damit, im Materiellen nach Glück zu suchen, wo man es unmöglich finden kann; außerdem ist dies eine grausame Falle des Feindes, um von der wahren Quelle des Glücks abzulenken. Einige suchen nach dem Stein der Weisen, während andere ihren Mangel durch Anhäufung von Besitz auszugleichen versuchen. Wieder andere flüchten sich in Beziehungen. Wieder andere stürzen sich in die gefährlichsten Unternehmungen – doch wenn alles gesagt und getan ist, merken wir, dass all die unzähligen Möglichkeiten und Alternativen, die die Welt uns anbietet, uns nur an den absurdesten Abgrund führen. Denn nichts und niemand kann uns die wahre Glückseligkeit bringen – außer Ihm, der uns erschaffen hat.

Während ich auf den Herrn schaute, konnte ich tatsächlich den Himmel sehen. Unser Herr – Seine Gegenwart – war das prächtige Herrenhaus, in dem ich eine große Anzahl von Engeln und Heiligen sehen konnte. Keine Worte können das Antlitz unseres Herrn adäquat beschreiben, es ist ein ewig junges, weises, kraftvolles und barmherziges Gesicht, erfüllt von unendlicher Liebe, jenseits von Alter, Zeit und Raum. Ich hätte erwartet, Ihn in eine Tunika gekleidet zu sehen, doch ich kann Ihn nur so beschreiben, dass Er in das köstlichste Licht gekleidet war. In dem Moment, da sich unser Herr in dem Felsen offenbarte, hatte ich den starken Drang, abzutauchen und meine Augen zu bedecken, ja mein ganzes Dasein vor solch einer majestätischen Gegenwart zu verbergen; doch Er hielt mich fest. Er durchdrang mein Bewusstsein bis in die Tiefe und erlaubte mir, die kostbarste Erfahrung zu betrachten, die einem lebenden Wesen möglich ist.

Ich konnte die Gegenwart all der himmlischen Geschöpfe erkennen und begriff die Vollkommenheit des himmlischen hierarchischen Gesetzes, nach dem alle von Gott geschaffenen Wesen verbunden sind. Auch wenn ich es von den weisesten und heiligsten Menschen gelehrt worden wäre – ich hätte mir niemals vorstellen können, dass die himmlische Ordnung inmitten einer solch strikten und majestätischen Hierarchie lebt.

Ich sah und verstand die Chöre der Engel und begriff, was die Erlösung eines Menschen bedeutet, der den Stand der Heiligkeit erreicht hat und in die ewige Glorie eingegangen ist. Ich sah das herrlichste aller menschlichen Geschöpfe, die selige Jungfrau Maria. Sie trat aus dem farbenprächtigsten Licht wie aus *dem* Schoß aller Engel und Heiliger, voll der kostbarsten Gnaden und Demut. Da merkte ich, wie sehr meiner Seele ihre Mütterlichkeit gefehlt hatte! Dann sah ich, wie alle sich zu einem Chor vereinten, um den Herrn zu preisen und anzubeten. Es gibt keine Worte, dies zu beschreiben; eine solche Vollkommenheit zu betrachten kann nur einen Zustand ständiger Ekstase hervorbringen!

Über diesem Geist der Einheit lag ein Schleier heiligen Gehorsams, in dessen Zentrum die Jungfrau Maria stand. Die Gegenwart unserer himmlischen Mutter legte einen einzigen Mantel der Liebe über all die Engelchöre und Heiligen, und in Gegenwart des himmlischen

Königs schien alles ganz im Feuer Seiner göttlichen Liebe zu erglühen.

Eine spezifische Ordnung auf einer spirituellen Ebene, die für unser Bewusstsein nicht wahrnehmbar ist, ist für uns aufgrund unseres begrenzten Verstandes schwer vorstellbar. All die erwähnten Geschöpfe waren auf die Gegenwart des Herrn ausgerichtet: In Ihm verschmolz der Himmel, und aus Ihm gingen all die wunderbaren Geschöpfe in endloser Zahl hervor, als wenn alles in Seinem Inneren existierte, während unbeschreiblicher Glanz Ihn umhüllte.

Unsere Liebe Frau, die Jungfrau Maria, war mit unermesslicher Zärtlichkeit die Mittlerin in meiner Beziehung zum Herrn. Es war, wie wenn ich mit ihr verbunden wäre durch eine geistige Nabelschnur, durch welche all die Impulse meines Herzens auf vollkommene Weise vor den Herrn gelangten. Und während ich mich in ihrem Schoß darauf vorbereitete, neu geboren zu werden, schaute ich der Entfaltung eines Lebens entgegen, das ich mir nie hätte träumen lassen. Gleichzeitig war es unendlich traurig, einen Blick auf das himmlische Leben werfen zu dürfen, während ich noch an diese irdische Existenz gebunden war. All die Zeit konnte ich nicht umhin, meinen Körper wahrzunehmen, der gefesselt in dem dunklen Raum voller Fledermäuse lag.

Mit Hilfe meiner himmlischen Mutter zu der Erkenntnis zu gelangen, dass ich siebenundvierzig Jahre lang mutterlos gelebt hatte, dass ich das kostbarste Geschenk – die wunderbare Liebesgemeinschaft zwischen Jesus und Maria – abgelehnt hatte, war schmerzlich und niederschmetternd. Die Macht Gottes ist so gewaltig, dass ein Geschöpf wie ich vor Seiner höchsten Majestät nur vergehen kann. Trotz der schmerzlichen Erkenntnis, wie verdunkelt meine Beziehung zu Ihm gewesen war, empfand ich bei meiner Begegnung mit den Engeln und Heiligen eine vollkommene, außerordentlich schöne Gemeinschaft, die wie selbstverständlich erschien.

Im Folgenden möchte ich meine Beziehung zu jeder der Engelgruppen, zu den Heiligen und zu der Jungfrau Maria verdeutlichen. Denn jeder Moment unseres Lebens ist in der einen oder anderen Weise mit all den himmlischen Bereichen verbunden. Ich werde auch eingehen auf die Beziehung zu den gefallenen Engeln (Dämonen) und zu den verdammten Seelen, die bis zum letzten Moment unseres irdischen Lebens unser Handeln beeinflussen – auch wenn wir im Stand der Gnade sind – und hoffen, uns umgarnen zu können.

Ich wusste so wenig über Jesus und Maria, dass alles, was ich erfuhr, mich sehr tief beeindruckte. Ich habe niemals den Katechismus gelesen und im Religionsunterricht war ich nicht gerade der Aufmerksamste. Noch dazu hatte ich mit vierzehn Jahren der Kirche den Rücken zugewandt. Doch wie sehr jemand in Glaubensdingen auch bewandert sein mag – er hat nicht die leiseste Ahnung von der Unermesslichkeit des Mysteriums Seiner Menschwerdung, auch nicht von unserer heiligen Beziehung zu Unserer Lieben Frau, der Jungfrau Maria, oder von unserer engen Verbindung mit den Engeln und Heiligen, solange er Jesus nicht persönlich begegnet ist. Das Wissen von Gott wäre so steril wie das Leben der Mitglieder des Hohen Rates zur Zeit des öffentlichen Lebens Jesu. Aus diesem Grund erleben wir in dieser Endzeit, in der wir die zweite Wiederkunft des Herrn erwarten, einen spirituellen Ausverkauf in unserer Kirche. Trotz alledem erneuert der Heilige Geist beständig das Leben der treuen Seelen auf dem ganzen Erdkreis.

Ganz egal, wie eingehend wir die tiefen Mysterien der Heiligen Schrift studiert haben oder wie perfekt unser theologisches Wissen ist – wenn die Liebe nicht tief in unserem Herzen verwurzelt ist, werden wir niemals auch nur den kleinsten Tropfen der absolut reinen göttlichen Essenz verkosten – dem unendlichen Ozean der Liebe, der alles Wissen übersteigt. Gott enthüllt Seinen Geschöpfen so viele Möglichkeiten, und mit der Fülle all der niedergeschrieben Weisheit besitzen wir einen spirituellen Reichtum, der dazu bestimmt ist, uns Seiner unermesslichen Liebe näher zu bringen. Deshalb werden wir – wenn wir unser ganzes menschliche Dasein auf die göttliche Liebe hin ausrichten – geläutert und in unermessliche Herrlichkeit erhoben, auch wenn wir spirituelle Analphabeten sind.

Einer Begegnung mit Jesus muss nicht notwendigerweise eine schmerzliche Erfahrung oder so etwas wie meine Entführung vorausgehen. Wir können Ihm begegnen, wenn wir danach trachten, uns wirklich ganz Gott zu überlassen, der mit unermesslicher Liebe auf diesen Schritt Seines Geschöpfes wartet.

Die Charismatische Erneuerung in unserer Kirche ist ein großartiges Angebot der Barmherzigkeit unseres Herrn. Der Heilige Geist ist heute genauso gegenwärtig wie beim heiligen Zönakel zu Pfingsten, doch wir müssen Gott auf unsere eigene Weise finden. Wir müssen unsere eigenen Mittel nutzen, um unsere Herzen zu öffnen und nach Ihm zu suchen. Wir müssen uns nun selbst annehmen und all die Waffen zum Einsatz bringen, die Er uns gegeben hat – als gerechter Vater, der den verlorenen Sohn nur mit Liebe ernährt. Seine Liebe wird niemals enden. Er kennt das Elend und die Dunkelheit, die über unserer menschlichen Natur liegt. Deshalb besitzt Er das größte Mitgefühl.

Ich schaute auf den Herrn mit einer abgrundtiefen Traurigkeit, die mir tief im Herzen brannte. Ich fragte Ihn, weshalb ich letztlich immer das Schlechte tue, obwohl ich es eigentlich gar nicht wollte.

Der Herr zeigte mir, wie eng wir vom Moment unserer Geburt bis zu unserem letzen Atemzug mit dem Guten und dem Bösen verbunden sind. Der ungeheure Kampf zwischen dem Fleisch, das in der Sünde verweilen möchte, und der Seele, die sich so sehr danach sehnt, sich zu Gott zu erheben, lässt uns erkennen, wie wichtig es ist, die sündhafte Natur des Fleisches und die gute Natur des Geistes zu verstehen. Je mehr wir dieser Seite unserer menschlichen Existenz Rechnung tragen, desto mehr Aufmerksamkeit können wir der Stärkung unserer Seele widmen – als einem sicheren Weg, die Herrschaft über das Fleisch zu erlangen.

Da ich keine Kontrolle über mein Fleisch hatte, tat ich schließlich immer das Schlechte, das ich gar nicht wollte; ich war ein Sklave des Fleisches, all mein Handeln wurde vom Instinkt und der Sexualität geleitet. Gott stellt niemanden auf die Probe. Wir selbst bringen uns in Versuchung und Bedrängnis aufgrund unserer Sünden – und Anklage erhebt dann der, der selbst die

Quelle aller Sünde ist! Die Abtötung oder Kasteiung unserer niederen Natur, des Fleisches, wirkt sich reinigend auf unser Fleisch aus und verwandelt es in den Tempel des Heiligen Geistes.

Für die Seele war es in der Gegenwart Gottes etwas Schmerzliches, eingestehen zu müssen, dass sie zuvor, als sie im Zustand der Sünde lebte, den Gnadenstrom gar nicht beachtet hatte. Der Herr legte mir dar, weshalb ich immer das Falsche tat, obwohl ich wirklich versuchte, das Gute zu tun. Er zeigte mir meine zornige Seele, sie befand sich in einem kalten, qualvollen Gefängnis; und weil meine schlechte Natur für nur einen Moment Gefallen an meiner zornigen Seele fand, trug sie dadurch dazu bei, dass ich noch einen Schritt weiter in die Dunkelheit hinabgezogen wurde. Das war die schreckliche Realität.

Ich sah auch die Augen derjenigen, die mit mir gesündigt hatten. Sie gingen durch innere Seelenqualen – mit Ausnahme derer, die von der Dunkelheit verschluckt worden zu sein schienen. Da waren die Augen einer in einer kalten, einsamen Nacht an der Ecke stehenden Prostituierten; die gequälten Augen eines maskierten Bankräubers; die von Angst erfüllten Augen eines Mädchens, das ihren Lehrer anlügt; die Augen des Priesters, der die Eucharistie mit von der Sünde befleckten Händen emporhebt und innerlich stirbt, da er das vor Gott abgelegte Gelübde gebrochen hat. Dies waren Gesichter, die wir manchmal in einer gequälten Zerrissenheit sehen, welche die menschliche Natur verzehrt, verdirbt und dem Untergang weiht – und die ein Produkt der Erbsünde ist.

In dem ganzen Schmerz zeigte der Herr mir, dass Er bei all diesen Handlungen, wie düster sie auch sein mögen, immer gegenwärtig ist; dass Er einer Seele, die erkannt hat, dass irgendetwas falsch läuft, das Gewicht der Sünde von den Schultern nimmt. Ich meine hier die Seele, die von Gott getrennt ist, so wie ich es war, als Gott mich rief. Eine Seele, die in dem geheiligten Bereich ihres Schöpfers Wohnung genommen hat, bewegt sich gesund, unbehindert und erfüllt von Frieden auch auf den schlimmsten Wegstrecken des menschlichen Exils. Ein von Gott getrenntes Herz trägt eine so große Last, die selbst einen Titanen dazu bringen kann, einen Strom von Tränen zu weinen … Dies ist ein unerschöpfliches Thema, das alle Bereiche unseres Lebens umfasst.

Der Herr gibt uns die notwendige Kraft, die Probleme, die durch unserer Vorfahren auf uns gekommen sind, mit göttlicher Vollkommenheit zu überwinden. Dies hat sich schon bei den Heiligen erwiesen, die so manchen Kampf mit ihrer menschlichen Natur auszustehen hatten und dadurch geläutert wurden. Sie warfen all den Ballast ab, von dem der Herr wusste, dass es notwendig sei, auch wenn es zeitweise Qualen bedeutete. Er weiß, dass unsere Leiden nur vorübergehend sind und wie schrecklich es sein wird, wenn wir erst nach unserem Erdenleben durch den Reinigungsprozess gehen. Die Barmherzigkeit Gottes ist unermesslich, sie kennt weder Grenzen noch Bevorzugung, denn Er liebt alle Seine Geschöpfe.

Ich kann Seine unendliche Liebe bezeugen, Seine ungeheure Liebe, die uns erstarren lassen würde, die wir nicht aushalten könnten, wenn wir sie auf einmal empfingen. Deshalb wird uns das Geheimnis der Nähe Gottes ganz allmählich enthüllt, und deshalb nimmt Er Seine Geschöpfe ganz allmählich in die Arme, indem Er uns nach und nach Seine Liebe verabreicht – wie ein Wassertropfen in der Sonne, der in der weißglühenden Hitze verdampft und mit ihren Strahlen verschmilzt.

Inmitten meiner Seelennot zeigten mir Seine Augen einen einzelnen Moment in meinem Leben und ließen mich erkennen, wie ich schließlich das getan hatte, was ich am meisten verabscheute. Ich erkannte, dass ein Mensch von Natur aus die Sünde hasst. Je mehr Sünden man begeht, desto mehr Seelenqualen erleidet man und desto einsamer wird man auf der Suche nach dem verlorenen Glück. Ich konnte sehen, wie meine Seele auf dem Höhepunkt meines zutiefst sündigen Handelns (als ich glaubte, im körperlichen Hochgenuss zu schwelgen) Ströme innerer Qualen ausblutete, die mein ganzes Dasein erschöpften. Meine Augen waren wie traurige Laternen, versteckt hinter der Maskerade eines hungrigen Clowns, der inmitten der Armut lacht und jauchzt und nach einem Stück Brot Ausschau hält, um damit seinen Hunger zu stillen.

Diese makabre Szene konnte man nur mit der Seele in solch einer Klarheit erkennen, da man von Gott an der Hand genommen wurde. Nur Ihm ist es möglich, diese Situation für die ganze Menschheit wiedergutzumachen. Nur in Ihm sind wir in der Lage, uns dem absurden Elend unserer menschlichen Existenz entgegenzustellen, denn mit Seiner Hilfe steigen wir empor in den Bereich Gottes und finden in unserem Leid und Schmerz einen Sinn.

Weshalb tue ich das Falsche, ohne es zu wollen? Weshalb nähre ich nicht meine Seele und weshalb habe ich nicht die Kraft, meiner eigenen animalischen Natur entgegenzutreten? Weshalb verzehre ich mich im Irrtum meiner Leidenschaften, weshalb habe ich niemals die reine Luft des Geistes geatmet, der befreit und heilt? Weshalb habe ich nicht auf Jesus geschaut, sondern nur auf mich und meine Laster? Der Herr zeigte mir das von Generation zu Generation weitergegebene Erbe, die starke Kraft, die diejenigen bindet, die in der Sünde wandeln, die sich im Bereich des Bösen aufhalten. Wir leiden nicht nur an den Konsequenzen unserer eigenen Sünden, sondern wir tragen zusätzlich noch die Last der Folgen der Sünden unserer Ahnen.

Weshalb tun wir das Falsche, obwohl wir es nicht wollen? Da wir in der Sünde leben, sind wir offen für einen weitverzweigten Pfad von Auswirkungen, der den Bereich des Bösen durchzieht, dessen Gesetze keine Vergebung kennen und der keine Gelegenheit auslässt, uns zu verführen, damit wir noch tiefer in die Dunkelheit fallen.

Während die Seele im Fleisch ist, verfällt sie dem Bösen und erhält schließlich die aufgelaufene Bilanz ihrer Taten präsentiert, die entweder zur ewigen Verdammnis oder zu einem harten Leben im Fegefeuer führt. Es ist, wie in der Heimat Hunderter vergangener Generationen anzukommen und sich als verantwortlich für alle unausgeglichenen Posten zu bezeichnen. Diese werden von keinem anderen eingetrieben als dem Vermögensverwalter, dem Kerkermeister, dem Fürsten der Welt: von Satan selbst.

Gott allein kennt die Folgen des Zustandes, in dem sich eine Seele befindet. Wer fortwährend in der Sünde lebt, schreitet über eine alte angesammelte Schuld – sein Erdenleben würde nicht ausreichen, um all die Rechnungen zu begleichen, die viele längst verstorbene Verwandte hätten übernehmen sollen. Vermutlich wird auch er als lebender Toter enden, der seinem eigenen ewigen Begräbnis entgegengeht, erdrückt von dem Gewicht seiner angehäuften Schuld.

Auch wenn diese Lehre des Herrn hart und schwierig erscheinen mag – ein Leben in der Gnade Gottes jedenfalls ist vergleichbar mit einem Taucher: Dieser trägt einen speziellen Taucheranzug, um die tiefen Gewässer dieser Welt zu durchschwimmen. Auf seinen Rücken hat er eine Sauerstoffflasche geschnallte, die nicht leer wird, solange sie mit der ewigen Quelle verbunden ist: mit Jesus Christus.

Im Gegensatz hierzu bedeutet ein Leben in der Sünde – bar der Gnade – nicht nur, spirituell alles zu verlieren, sondern auch eine noch größere Schuld an die zukünftigen Generationen weiterzugeben. Geld, Ruhm und Macht zu erben, kann unsere Seele auf den Weg ins Verderben führen. Ein auf schlechte Weise angehäuftes Erbe ist so überschattet, dass man ständig von Dämonen geplagt wird, welche die Verwendung jeden Cents eines solchen „Reichtums" unter strenger Aufsicht des Teufels kontrollieren. Ein solches Erbe kann aber auch zu einem Segen für die Menschheit werden und der höheren Ehre Gottes dienen, wenn man es richtig einsetzt. Der Prozentsatz der Menschen, die so handeln, ist jedoch verschwindend gering. Jesus sagt dazu: „Eher geht ein Kamel durch ein Nadelöhr, als dass ein Reicher in das Reich Gottes gelangt" (MK 10,25).

Der Böse führt über unsere Seele sehr genau Buch! Jede von ihm vermerkte Schuld wird damit verrechnet, dass der Seele etwas von ihrem Licht weggenommen wird. Jesus verurteilt Ruhm und Macht keineswegs; Er verweist nur auf den Abgrund, der jeden Schritt unseres irdischen Lebens begleitet. Der Herr möchte, dass wir ein Leben in Fülle haben, voller Würde und mit einem guten Leumund. Wenn wir nur unsere Augen auf Ihn, den Schöpfer, richten und uns an Seiner Schöpfung erfreuen würden, anstatt diese anzubeten, könnten wir ein gutes und glückliches Leben führen!

So manches Mal ist es dunkel in uns, weil der Böse einen groß angelegten Kampf gegen unseren inneren Frieden angestrengt hat; er bombardiert uns unaufhörlich mit Ärger, Intoleranz, innerer Unruhe usw. All dies beeinträchtigt unsere Beziehung zu Gott und unsere Bereitschaft, Seine Gnadengeschenke anzunehmen, da wir uns selbst von der ewigen Quelle der Freude und des Friedens sowie von der körperlichen und geistigen Gesundheit abgekoppelt haben. Jedes Mal, wenn uns der innere Frieden fehlt, hat der Böse uns auf die eine oder andere Weise angegriffen.

Der Übergang der Seele von diesem Erdenleben in die Ewigkeit entzieht sich unserer Vorstellungskraft und unserem Verstand. Alles, was in dem Moment geschieht, da man als körperloses Wesen vor Gott steht, ist rational nicht erklärbar. Dieses Wissen lässt sich nur vermitteln, wenn ich das, was der Herr mir gestattet, durch eine einfache Sprache filtere. Dabei soll ausschließlich auf den Kampf zwischen Gut und Böse sowie auf die Waffen, die wir für unser Überleben erhalten haben, eingegangen werden.

Ganz durchdrungen von dem Herrn war ich mir genauestens meines ganzen irdischen Lebens bewusst – sei es im Bereich des Guten wie auch in dem des Bösen. Unser Verhältnis zu den Mächten des Guten und des Bösen bestimmt so sehr unsere „Bilanz", die wir dem Herrn vorlegen, dass wir äußerste Wachsamkeit hinsichtlich unserer Handlungen walten lassen müssen, damit diese sich nicht im falschen Bereich vervielfältigen und dadurch unsere Seele ernsthafter Gefahr und der Verdammnis aussetzen.

Ich nenne es „Bilanz", nur um auf eine praktische und vernünftige Art darzulegen, dass den Augen unseres Herrn Jesus nicht eine einzige Handlung in unserem Leben verborgen bleibt. Die Erlösung, die „Ablösesumme", die Gott Vater uns durch Seinen Sohn Jesus Christus geschenkt hat, ist so groß, dass wir durch Seine Verdienste in der Lage sind, jede einzelne Schuld mit Seinem Blut zurückzuzahlen. Und wir können nicht nur all unsere gegenwärtigen Schulden mit Seinem Blut begleichen, sondern auch deren Folgen – wir müssen es nur tun, solange wir im Fleisch sind, in dieser materiellen Welt.

Alles, was im Fleisch aufgrund der Sünde beschädigt wurde, muss in diesem selben Fleisch wiedergutgemacht werden. Wenn wir zu dieser Wiedergutmachung im Fleisch fähig sind, werden wir spirituell frei werden. Wir müssen alles nur unter das Kreuz Jesu legen und Ihn darum bitten, all unser Tun und Lassen auf dem

Pfad der Finsternis mit Seinem Blut zuzudecken, so dass es niemals wieder vor Seinem heiligen Richterstuhl gegen uns verwendet werden kann.

Jesus ließ mich in Seiner Gegenwart all meine vergangenen Taten nochmals erleben, obwohl es mir widerstrebte, sie anzuschauen. Jedes Mal führte die Situation dazu, dass mich schließlich eine gewaltige Leere umfing, die die stille Wut in mir anschwellen ließ und mich so verunsicherte, dass ich die Waffen des Geistes niederstreckte und mich von Instinkt und Leidenschaft beherrschen ließ. Dadurch entstand in mir eine grausame und rätselhafte Einsamkeit, die mit einer ungesunden Freude und einer aufgesetzten Fröhlichkeit einherging. Je mehr mein Fleisch die Oberhand gewann, desto geringer war mein Verlangen, rein, gut, nachsichtig und tugendhaft zu sein.

Heute kann ich die Seelen der Menschen deutlich erkennen, die in Leidenschaften gefangen sind. Es ist, wie wenn man einen Gefangenen beobachtet, der seine Ketten auf einen heiteren Jahrmarkt schleppt und erfüllt ist von einer scheinbaren Freude, die den in der Dunkelheit Gefangenen bindet: Es sind erschöpfte Gesichter, die sich in Vergnügungen stürzen, unempfänglich für Zärtlichkeit, gleichgültig gegenüber wahrer Liebe, abgehärtet durch einen tausend Meilen langen Marsch durch das Gebiet des Feindes. Die existenzielle Qual, die durch diese Bindung mit dem Bösen hervorgerufen wird, lässt das menschliche Geschöpf unbewusst seine eigenen Misere vorantreiben.

Im Unglück ist keiner gern allein. Wenn ein kranker Mann seine sexuelle Freizügigkeit verschweigt und nichts dagegen unternimmt, steckt er viele Menschen an – als ob er Gefährten in seinem Untergang suche. Dies ist das Gift des Bösen, das er auf jeden übertragen möchte; ein Gift, das sich in einem Depot unseres Organismus anreichert, bis dieses wie eine Giftdrüse der Schlange wirkt: Es infiziert und macht gegen jede Gottesfurcht immun. In den Straßenumzügen der Homosexuellen, die im Sommer stattfinden, können wir denselben Abwehrmechanismus der Dunkelheit erkennen: Sie machen Werbung für das Gift der Promiskuität, in der sie gefangen sind; sie haben das Bedürfnis, die ganze Welt daran teilhaben zu lassen.

Was für eine gewaltige Entdeckung ist es doch für die Seele, wenn sie die wahre Existenz des ewigen Lebens erkennt! Ganz gleich, wie sehr man sich bemüht zu glauben oder wie groß unser Glaube sein mag – die schwierigste Zeit auf unserem Lebensweg ist diejenige, in der uns Zweifel überkommen. Wenn wir dann ein solch gewaltiges Wunder erleben, erkennen wir schließlich, wie wir durch das Leben gegangen sind, ohne es wirklich jemals begriffen zu haben, da wir uns so sehr an unserer Sterblichkeit klammerten. Zu realisieren, dass es eine Ewigkeit gibt, ist, wie mitten in einem wunderschönen Traum aufzuwachen und festzustellen, dass dieser niemals endet.

Sobald wir wirklich mit dem Herzen, mit dem Verstand und unserer Seele glauben können, dass alles, was wir in unserem irdischen Leben tun, in die Ewigkeit hinein wirkt, dann wird alles in uns und um uns herum aufhören zu sterben. Das Leben bekäme einen anderen Sinn, denn dann würde der biologische Alterungsprozess und die damit verbundenen Verfallserscheinungen zu einem Anlass der Freude: Weil wir wissen, dass wir der ewigen Gemeinschaft mit Gott immer näher kommen und dem Gefängnis unseres Fleisches entrinnen. Unsere Träume würden niemals enden, unsere Familie würde niemals sterben, wir würden unsere Freunde nicht verlieren und unsere Hoffnung würde nicht nachlassen, wenn wir uns bewusst würden, dass der Tod des Fleisches nur der Übergang zu einem höheren Zustand ist. Dort, in der Gegenwart des Schöpfers, herrscht das Leben, dort empfindet man die größte Freude, weil man Jesus angenommen hat, und weil man erkennt, dass man schon erlöst ist und der Weg zur ewigen Herrlichkeit durch Sein Blut schon bereitet wurde. All dies wurde deutlich, nachdem ich den Herrn nach den schrecklichen Fesseln gefragt hatte, mit denen wir uns binden, indem wir Böses tun, obgleich wir es nicht wollen.

Mein persönliches Gericht

In dieser Lektion kam der Herr zu meiner persönlichen Beurteilung. Mein kontemplativer Zustand und Seine Belehrungen nahmen ein Ende. Die Romanze zwischen dem Himmel und mir verwandelte sich plötzlich in eine Szene aus meinem Leben, vielleicht sollte ich sagen: Meine Seele wurde mit der Gefahr des ewigen Todes konfrontiert. Ich befand mich im Bereich des Bösen und schaute auf zum Himmel. Allein dies macht den Zustand meiner Seele deutlich: dreiunddreißig Jahre voller Todsünden, Jahre, in denen ich nur an das glaubte, was ausschließlich mir nützte, und was mich gefährlich weit von Gott wegbrachte.

Vor dem göttlichen Richterstuhl gibt es keine Halbheiten. Man kann dort nicht behaupten, wir seien einerseits gut, andererseits schlecht. Hier verschwindet die Grauzone und wir stehen entweder auf der einen oder auf der anderen Seite. Ich stand auf der Seite des Bösen. Der Teufel hatte die Herrschaft über mich, und von seinem Bereich aus musste ich dem Herrn Rechenschaft ablegen. Der Zustand meiner Seele war der eines armen menschlichen Sünders, vergleichbar mit einem Ehemann, der von seiner Frau beim Ehebruch erwischt wurde. Was bleibt ihm anderes übrig, als es zuzugeben und auf das Erbarmen und die Vergebung seiner Frau zu hoffen? Genau so stand ich vor Gott: Als ein Treuloser inmitten meiner Sünden, als einer, der viele Jahre lang im Bett des Teufels gelegen hatte.

Von dem Moment an, da mein persönliches Gericht begann, konnte ich den Herrn nicht mehr anschauen. Ich hatte keine Kraft, die Schönheit einer solchen Liebe zu betrachten, während Er mir die verborgensten Winkel meines irdischen Lebens aufzeigte. Ich war mir des Wassers bewusst, in dem ich mich befand, konnte jedoch nicht sagen, ob es kalt oder warm war. Obwohl ich von der Natur umgeben war, inmitten all des Irdischen, ließ die Tatsache, dass ich dies im Geist erlebte, meine Wahrnehmung verändern. Eine überwältigende Traurigkeit legte sich auf mich, ich war umgeben von den abscheulichsten Kreaturen, die ich mir in meinen wildesten Träumen und Phantasien nicht hätte vorstellen können. Nun, da ich den Unterschied zwischen einem guten Verhältnis mit Ihm und einem Verhältnis mit der Unreinheit kannte, ließ mich der Herr diese Begegnung mit dem wahren Zustand meiner Seele beginnen.

Der Himmel kommunizierte mit mir auf der Ebene meiner eigenen Erziehung und Bildung, Symbolik und Sprache, nichts erschien mir unverständlich oder fremdartig. – Mir schien, dass die Teufel den Menschen ähnelten. Sie sind die abscheulichsten Geschöpfe, die man sich nur vorstellen kann und nehmen – wie ich verstand – je nachdem, wie unser Verhältnis zu ihnen ist, entsprechend Gestalt an. Wenn ein Japaner vor dem Richterstuhl des Herrn steht, wird sich das Böse sicherlich entsprechend der japanischen Kultur zeigen. Dies widerspricht nicht der Tatsache, dass die Teufel als Engel geschaffen worden sind. Und bei dieser letzten Gelegenheit, in dem absolut kritischen und entscheidenden Augenblick, offenbaren sie sich in ihrer höchsten Wesensart, um die gefallene Seele auf ewig zu erobern. Wüssten wir in aller Klarheit, dass wir uns im Bereich der Sünde befinden, würden wir es niemals zulassen, betrogen oder manipuliert zu werden und uns zu absurden Marionetten des Satans machen zu lassen.

In diesem Moment spürte ich den entsetzlichsten Schmerz meiner ganzen menschlichen Existenz. Es fühlte sich an, als ob meine Seele geraubt, vergewaltigt und mit Füßen getreten würde. Am schlimmsten war die Erkenntnis, dass ich das aus freien Stücken herbeigeführt hatte. Auch wenn „vergewaltigt" übertrieben klingen mag, fühlte ich mich tatsächlich so, wie wenn dem Innersten meiner Seele Gewalt angetan worden wäre. Ich konnte die verschiedenen Nischen erkennen, in denen das Böse in mir wirkte, wie es in all die Spalten meines inneren Lebens eindrang und allmählich die letzten Spuren Gottes daraus verbannte. Wenn man sich im Bereich des Teufels befindet, räumt dieser zuallererst mit dem auf, was er am meisten hasst: alles, was wir in unserem Inneren als Geschenk des Heiligen Geistes besitzen.

Satan hasst uns, weil wir nach Gottes Abbild, Ihm ähnlich, geschaffen wurden. Und Gott verabscheut er am meisten. Allein darüber nachzudenken, welch gewaltige Macht unser Feind über uns besitzt, wenn wir ihm auf den Leim gegangen sind, ist äußerst erschreckend! Er macht uns glauben, wir ständen auf sicherem Grund und verkauft uns Lügen als Wahrheiten, Illusionen als Realitäten. So gewinnt er in unserem Erdenleben immer mehr an Einfluss. Und sobald sich der Schwerpunkt unseres spirituellen Lebens verschoben hat, befinden wir uns nicht mehr im Herzen Jesu.

Die Rolle der bösen Mächte

Ich befand mich im Bereich des Bösen mit dem klaren Bild vor Augen, wie mein ganzes Leben von Seelen, die mit unendlicher Traurigkeit erfüllt waren, allmählich zu einem Abgrund hin gezogen wurde. Ich verstand, dass all die teuflische Manipulation während meines ganzen Erdenlebens nur das eine Ziel hatte, mich ganz von Gott wegzubringen und meinen spirituellen Tod herbeizuführen.

Ich sah, wie die gefallenen Engel des Himmels, bestehend aus reinem Intellekt, im Geiste die Menschwerdung Gottes erfassten, bevor diese geschah. Als sie sahen, dass Christus durch die Kraft des Heiligen Geistes von einem demütigen Mädchen, der Jungfrau Maria, empfangen werden sollte, rebellierten sie. Sie verweigerten dem Gottmenschen, dem Christus, der im Fleisch geboren werden sollte, den Gehorsam und den Dienst. Von diesem Moment an herrschte Krieg unter den Engeln.

Aus dem Himmel geworfen, wurden die Lichtgestalten zu Wesen der Finsternis, abgeschnitten vom Licht. Die gefallenen Engel wussten, dass die Menschen – die Heiligen in ihren unterschiedlichen Ständen – ihren Platz im Himmel in den neun Chören einnehmen werden. Und wenn wir das Leben der Heiligen betrachten, können wir klar erkennen, wie Gott den Stand der Heiligkeit in Anlehnung an die Engelchöre gestaltete, von denen die Heiligen Erleuchtung und spirituelle Führung erhalten.

Es waren die gefallenen Engel, derentwegen unsere Stammeltern aus der Gnade fielen und ihre ursprüngliche Unschuld verloren: Sie missbrauchten die Schöpfung als Nährquelle des Menschen und verleiteten diesen dazu, seine Augen auf das Böse zu richteten, weg von Gott. Schließlich ließen sie den Menschen in einem Zustand zurück, in dem sich die Engel während ihrer Rebellion gegen den himmlischen Vater befunden hatten. Sowohl die rebellischen Engel wie auch der Mensch wurden aus dem Paradies vertrieben, wodurch der Mensch in denselben Bereich gelangte, in dem sich auch die gefallenen Engel befanden.

Da sich der Mensch jedoch wegen eines Engels (Satans), der meinte, Gott überlegen zu sein, sich gegen Ihn auflehnte, ließ Gott, als Er den Menschen aus dem Paradies vertrieb, vollkommene Gerechtigkeit walten: Er machte einen Unterschied zwischen der Sünde der Menschen und der Sünde der Engel und gewährte den Menschen die Möglichkeit, durch die Läuterung ihrer Seele, die als Abbild Gottes Ihm ähnlich geschaffen wurde, in das Paradies zurückzukehren. Für die Seele ist es notwendig, das Exil zu erfahren, um die Trennung von Gott durch das Leben im Fleisch zu überwinden. Der Mensch erlebt es als äußerst schwierig, sich vor den Fallstricken der gefallenen Engel in Acht zu nehmen, die alles daransetzen, die Reinheit der Menschenseele zu zerstören und sie davon abzuhalten, den für sie vorbereiteten Platz im Himmel einzunehmen.

Da der Mensch sich im Anfang mit Satan verbündet hatte, müssen wir nun den Preis dafür bezahlen: Wir müssen in seinem Bereich wandeln, in dieser materiellen Welt, wie wenn wir mit dem Feind verheiratet wären. Unser ganzes Leben basiert auf unserer „Scheidung" von dieser Realität, indem wir dem Verhältnis mit dem Teufel widersagen, das durch die Versuchung Adams und Evas und der sich daraus ergebenden Erbsünde auf uns gekommen ist. Wir müssen eine klare Entscheidung treffen: entweder Gott allein zu lieben oder unsere „eheliche" Vergangenheit mit dem Fürsten und Verwalter der materiellen Welt – Satan – zu bekräftigen, indem wir ganz in der Welt und im Fleisch schwelgen.

Als der Mensch aus dem Paradies vertrieben wurde, wurde er aufgrund seines Fleisches zum Knecht seiner sterblichen Natur, was sich anhand der Schwierigkeiten in seinem irdischen Exil erkennen lässt. Im Menschen jedoch lebt eine weise Seele, die darunter leidet, im Fleisch gefangen zu sein, die beständig nach Gott verlangt und sich gegen die Verwundung und das Elend durch den Bösen zur Wehr setzt. Der Teufel ist sich der sterblichen Natur des menschlichen Fleisches und deren Ursprung wohl bewusst und nimmt Einfluss darauf, solange die Seele sich nicht von ihrer persönlichen Sünde und der Erbsünde getrennt hat.

Auch wenn die Seele beschließt, sich vom Teufel „scheiden zu lassen", wird dieser sie dennoch weiterhin rastlos umgarnen – bis zu ihrem letzten Atemzug. Je nach dem spirituellen Zustand der Seele zum Zeitpunkt ihres Todes kann der Teufel sie solange weiter quälen, bis sie von allen Bindungen an das irdische Leben frei geworden ist.

Jeder Moment unseres Lebens, ob wir nun gerade Gutes oder Böses tun, ist in der Ewigkeit gegenwärtig – so können unsere Taten ganz klar auf der einen oder anderen Seite verbucht werden. Würden wir die Bedeutung des Himmels in aller Deutlichkeit erkennen, wären wir uns unseres Körpers, unserer Seele, unseres Geistes und der unsichtbaren Wesen um uns herum bewusst. Wir würden auch den geistigen Kampf erkennen, in den wir verwickelt sind, sobald wir in dieses irdische Exil geboren werden. Doch wir sind taub, stumm und blind gegenüber den göttlichen Wesen wegen des Fleisches, das unser Leben auf eine bestimmte Weise beeinflusst.

Der Mensch lebte schon Tausende von Jahren auf der Erde, bevor Christus kam und mitten unter uns Sein Reich errichtete. Vor der Erlösung durch Jesus Christus lebten die Menschen unter der Knechtschaft des Teufels, ihre Spiritualität stand im Allgemeinen dem Heidentums näher, als dass sie eine wirkliche Beziehung zu Gott war, denn es fehlte an Gnade. Anders ausgedrückt: Dies war der Preis für die Ursünde.

Im Laufe der Jahrhunderte kam Gott durch die Propheten dem Menschen allmählich wieder näher und bereitete ihn darauf vor, in das Paradies zurückzukehren – unter einigen schmerzhaften Lektionen. Gott sprach von dem auserwählten Volk, den Israeliten. Wir hörten von den zwölf Stämmen Israels. Diese besondere Gruppe, auf die sich die Heilige Schrift bezieht, ist das Ergebnis Jahrtausende währender Belehrung durch den Schöpfer: Nachdem die Menschheit eine lange Periode der Gottesferne erlebt hatte, lehrte Gott sie eine neue Lektion und erntete jedes Mal die Früchte der vorhergehenden Lehren – bis Er schließlich die Gruppe der so genannten Auserwählten schuf.

Nachdem Er einen Bund mit unserem Stammvater Abraham geschlossen hatte, erneuerte Gott diesen mit

Moses und gab uns die Zehn Gebote. Während all der Jahrhunderte erwählte Gott Menschen, führte sie den Weg der Tugend und rüstete sie für den Kampf mit dem Feind. Schließlich gab Gott Seinem Volk bestimmte Regeln, nach denen es leben sollte. Dies wiederum bereitete die Menschheit auf das Kommen Christi, des Retters und Erlösers, vor, das darin gipfelte, uns die Sünden zu vergeben und das Himmelstor wieder zu öffnen.

Bis dahin war das Leben auf Erden ein langes und schmerzensreiches Gefängnis, erfüllt von brennender Sehnsucht, in dem der Teufel die Herrschaft hatte. Obwohl der Mensch die heiligen Zehn Gebote kannte, wurde er durch die Sünde blind und versklavt. Als Fürst dieser Welt wird Satan so lange seinen Einfluss auf alle Seelen geltend machen, bis der Herr zurückkehren und den Teufel für immer verbannen wird – dann, wenn unter uns das neue Jerusalem strahlend aufgeht.

Wie sehr der vertrauliche Umgang mit dem Bösen zu einem Teil unseres Lebens werden kann, ist kaum, wenn nicht gar unmöglich in Worte zu fassen. Was ich mit meinem Auge der Seele sah, lässt sich am besten so beschreiben: Es gibt eine böse Macht in unterschiedlichen Größenordnungen. Wenn wir mit einer schweren Sünde behaftet im Bereich dieser bösen Macht wandeln, weben wir uns allmählich so etwas wie ein großes Netz, bis wir uns schließlich darin verfangen, uns nicht mehr bewegen können und von jedweder menschlichen Hilfe abgeschnitten sind. Allein die Gnade Gottes vermag diese Verstrickungen zu lösen, die wir durch unsere eigenen schlechten Taten verursacht haben, als wir zu vertraut mit dem Bösen umgegangen sind – nicht mitgerechnet die Folgen der schlechten Taten, die von unseren Vorfahren auf uns überkommen sind und die gravierend zu diesen Verstrickungen beitragen.

Nehmen wir beispielsweise die Gier: Ich kann Ihnen sagen, dass die Mächte der Finsternis die Gier mit unvorstellbarer Intensität nähren, da diese Sünde die Quelle vieler anderer Sünden ist. Selbst bei kleineren Sünden ist es unvermeidlich, dass sie sich zu größeren Sünden auswachsen, von denen sich der Mensch nur mit Hilfe der Gnade Gottes befreien kann. Der Teufel übernimmt es, diese Gier unter allen Umständen anzufachen.

Wenn wir im Bereich des Bösen leben, beherrscht der Teufel unsere Vorstellungskraft und füttert sie mit allem Nötigen, um den Keim einer bestimmten Sünde anzulegen. Da er ein Engel ist, ist er uns von Natur aus überlegen; er ist reiner Intellekt und mit all unseren Schwächen vertraut, denn er fördert und besitzt sie. Unabhängig von Zeit und Raum kennt er die Wünsche der Sünder, noch bevor diese selbst sie verspüren.

Wenn der Teufel uns im Griff hat, bedient er sich unserer Gefühle, unserer Instinkte und der Sexualität und beeinflusst so tiefgreifend unser Leben. Er lässt uns kaum Gelegenheit, uns der Fesseln bewusst zu werden, die sich um die Seele zu legen beginnen, während er die Schlinge zuzieht. Wir sprechen hier von den Seelen, die ganz ohne Gott leben und von der Gnade abgeschnitten sind. In diesem Zustand merken wir nicht, dass wir die Eigenheiten und das typische Verhalten angenommen haben, das gerade den Sünden eigen ist, die im Zentrum unserer Beziehung mit dem Bösen stehen. Jemand, der sich beständig im Zustand der schweren Sünde befindet, zeigt ein bestimmtes Verhaltensmuster, das von der Art der Sünde abhängt, die sein Meister ihm eingeflößt hat. Die Art, wie jemand gesündigt hat, verweist auf die Charakteristiken der Dämonen, die zu seinen Gefährten wurden.

Befindet man sich fest auf heiligem Grund, kann man ganz einfach erkennen, wenn jemand von einer bestimmten Gruppe von Sünden kontrolliert wird, hinter der üblicherweise eine Legion von bösen Geistern steht. Diese sind darauf bedacht, eine Reihe von Aktivitäten zu beeinflussen, die kennzeichnend für diese bestimmte Sündenart sind. Deshalb gibt es die Heiligen, die uns kennen, die in unserer Seele lesen können und die dazu in der Lage sind, die Atmosphäre um uns herum zu erfassen und die Art von Sünde, die wir begehen, genau zu bezeichnen. Wenn sich jemand durch die Gnade Gottes bekehrt (und nur dadurch ist dies möglich), weiß diese Person nichts von ihrer Verstrickung in der Finsternis, die sie umgibt. Deshalb bedarf es der Reflexion und strenger spiritueller Anleitung, denn die Legion, die ihr jahrelang nicht von der Seite gewichen ist, lässt nicht so einfach von ihr ab, trotz der gewährten Gnade, die Sünde zu erkennen und Gott zu finden. Dies ist eine äußerst ernste Angelegenheit! Wir müssen der bekehrten Seele bewusst machen, dass das Freiwerden von der Macht Satans einem Krieg gleichkommt, der jegliche Wachsamkeit erfordert.

Nachdem ich die Rolle der bösen Mächte in unserem Leben beschrieben habe, komme ich nun zu meiner persönlichen Geschichte, die sich im Bereich des Bösen abspielte. Ich könnte ein ganzes Buch über das Wirken des Bösen in der Welt und in unserem Leben füllen, um aufzuzeigen, was mir eingegeben wurde. Vor dem Richterstuhl unseres Herrn zu stehen, ist wie ein Moment im Leben der Seele in der materiellen Welt. Die Seele erkennt die göttlichen Gesetze für die Schöpfung, von denen niemand ausgenommen werden kann. Außerhalb des göttlichen Gesetzes zu stehen bedeutet, sich Gott zu entfremden. Es gibt nur die Alternativen, auf ewig mit Gott vereint zu sein oder die Trennung von Gott. Wählt man Letzteres, bedeutet das, seine Seele schrecklichen Qualen zu unterwerfen. Getrennt von Gott zu leben ist wie ein Körper ohne Seele, der in jeder Hinsicht praktisch tot ist.

Wenn wir merken, dass wir aufgrund einer Sünde – die nichts anderes ist als Dunkelheit, die unsere Seele von dem Licht abschneidet – von Gott getrennt sind, suchen wir verzweifelt so lange nach Ihm, bis wir Ihn gefunden haben. Solcherart beginnt der Zustand der Reinigung der Seele, den wir Fegefeuer nennen. Die Seele muss das Licht wiedergewinnen, das aufgrund der Sünde abhanden gekommen ist, um sich vollkommen mit ihrem Schöpfer vereinen zu können. In diesem Zustand befand ich mich: Getrennt von Gott durchlitt ich die schlimmste Verzweiflung angesichts der Vorstellung, nicht in der Lage zu sein, mich mit Ihm auf ewig zu vereinen.

Nachdem mir mein Leben, die Welt, die menschliche Natur, die Sünde und der Himmel gezeigt worden waren, war es mir unmöglich, Ihn anzuschauen – wegen meiner Sündhaftigkeit. Nichts wünschte ich mir sehnlicher, als mich mit dem guten Gott zu verbinden, der so voller Barmherzigkeit ist. Doch aus mir selbst heraus konnte ich es nicht, da ich wegen meines jahrelangen sündigen Lebens im Fleisch zu sehr in der Dunkelheit verhaftet war. Ich wusste noch nicht einmal, ob ich um Barmherzigkeit bitten sollte. Ich empfand eine solche Scham, dass ich gar nicht an die Möglichkeit dachte, vielleicht durch den Herrn erlöst zu werden. Ich fühlte mich für immer verloren. Der Geist des Bösen ließ mich glauben, dass ich niemals in der Lage sein würde, unseren Herrn zu schauen, und dass ich niemals in den Himmel kommen würde. Ich fühlte mich viel zu unwürdig, auch nur daran zu denken, dass ich umkehren könnte und dass der Herr sich mir in diesem Inferno, in dem ich mich befand, zeigen würde.

Der Herr zeigte mir ein Sünde, die ich mit fünfzehn Jahren begangen hatte. Es war das Jahr 1966, und ich beobachtete es mit einem siebenundvierzig Jahre alten Herzen, was es noch schmerzlicher machte. Es war, als ob mein erwachsenes Herz mit diesem jugendlichen Herzen verknüpft worden wäre und dasselbe Szenarium in beiden Lebensaltern wieder durchlebte, wenngleich aus ganz unterschiedlicher Perspektive.

Ich befand mich in der Küche eines Hauses in Bogotá, zusammen mit einem Dienstmädchen. Wir waren fast gleichaltrig. Ich erkannte, was der Herr mir zeigen wollte, und wusste genau, wie der Teufel mich geritten hatte, dass ich diesem jungen Mädchen weh tat. Von meinen Vorfahren habe ich ein machohaftes Verhalten übernommen, das sich in einem grausamen, arroganten, überlegenen und ausfallenden Gehabe denen gegenüber ausdrückte, von denen ich meinte, dass sie unter mir ständen oder ich Autorität über sie hätte. Ich sprach unfreundlich mit ihr und hielt etwas in meiner Hand, das sie hätte reinigen sollen. Sie starrte zu Boden und errötete. Weder begehrte sie auf noch zeigte sie irgendein Anzeichen von Widerspruch oder Empörung; im Gegenteil – sie ließ größte Demut und Liebe erkennen. Es brach mir das Herz, als ich das sah. Das Mädchen ließ mich erkennen, dass der Herr in einer der heikelsten Situationen ihres spirituellen und emotionalen Lebens gegenwärtig war, und dass mein Handeln sie noch mehr leiden ließ.

Das, was ich beschreibe, scheint ganz alltäglich zu sein, doch der Herr lenkte meine Aufmerksamkeit darauf, wie dieses zerbrechliche, demütige und liebevolle Mädchen in mein Leben gestellt wurde: Ich konnte sie entweder aufbauen oder fertig machen. In der Gegenwart Gottes war sie die Edelmütigere von uns beiden. Diese schmerzliche Sünde wurde durch Gottes vollkommene Gerechtigkeit für ihre Familie in Frieden und Liebe, in eine Gnade, in einen Segen verwandelt– als Ausgleich für das Leid, das ich ihr zugefügt hatte.

Erst kurz zuvor war sie von ihren Eltern getrennt worden. Aus der ländlichen Gegend, in der sie geboren und aufgewachsen war, war sie in die große Stadt gekommen und in den Dienst Fremder getreten, die ihr weder Liebe noch Nachsicht entgegenbrachten. Armut, Demut und Liebe trafen auf Härte und spirituelle Gleichgültigkeit, woraus nur Schmerz, Kummer und Verzweiflung hervorging. Derartiges Verhalten kennzeichnet unseren Gefühlszustand sowie den spirituellen Zustand unseres Nächsten; für dieses Verhalten müssen wir vor Gott Rechenschaft ablegen. Als ich diese schmerzliche Sünde beobachtete, lernte ich etwas über den wahren Sinn des Leidens. Ich erkannte, wie die bösen Geister mich mit Stolz, Eitelkeit und Anmaßung erfüllten; wie sie dadurch dieses Mädchen angriffen, da sie wussten, dass ihre Seele Gott gehörte und sie diese Anfechtungen aus dem Bereich der Dunkelheit klaglos und ohne die geringste Sünde zu begehen ertragen würde, was meiner Seele noch mehr schadete.

Den schlimmsten Schaden fügt uns Satan dann zu, wenn er uns dazu bringt, eine gute Seele zu verletzen. Es ist, wie wenn wir dies Gott selbst antun würden. Das bedeutet nicht, dass man einer schlechten Person etwas anhaben darf, denn ein solches Verhalten an sich ist schlecht. Das Leid dieses Kindes Gottes verwandelte sich in ein Geschenk für ihre Seele. Ich konnte sehen, wie ihr so vollkommen liebevolles Verhalten den Ort erhellte, an dem dies geschah. Die Dämonen, die mich dazu ermutigt hatten, diesem Mädchen weh zu tun, waren nicht fähig, sie anzuschauen, da das Licht Gottes aus ihr strahlte.

Während ich dieses sündige Handeln nochmals durchlebte, konnte ich all das andere sündhafte Verhalten diesem Mädchen gegenüber betrachten, das ich mir innerhalb der wenigen Monate, die ich in diesem Haus wohnte, zu Schulden kommen ließ. Ich sah sozusagen eine Abfolge von Vorkommnissen, die alle unter der Regie des „Meisters" standen, der Stück für Stück all die Konsequenzen dieser lieblosen Situationen kannte. Es war, als ob man einen Menschen beobachtete, der von einem Teufel geritten wurde. Diese finstere Macht benutzt unser Leben hier auf Erden dazu, der Seele auf die furchtbarste Weise Schaden zuzufügen und gleichzeitig all denen, denen wir im Verlauf unseres Lebens begegnen, großen Schmerz zu bereiten. Nur durch die Barmherzigkeit Gottes können diese schmerzvollen Taten zur Verherrlichung des Opfer gereichen und auf diese Weise die wahre Bedeutung des Mysteriums des Kreuzes und des Leidens offenbaren.

Inmitten dieser schrecklichen Szene, die eine Ewigkeit zu dauern schien, spürte ich, wie eine starke Macht mein Wesen durchdrang. Gerade als ich mein schrecklich grausames Verhalten vor Augen hatte und mich das Gefühl beschlich, immer tiefer in den Bereich des Bösen eingebrochen zu sein, bemerkte ich, wie jemand aus dem Himmel für meine Seele eintrat. Wie ich schon erklärte, verstand ich ganz genau den Ursprung, den Grund und die Bedeutung all dessen, dem ich unterzogen war, denn ich war erfüllt von der Gnade des Heiligen Geistes – und dies genügte, um alles ohne weitere Erklärung zu begreifen. Ich wusste, dass mein Schutzengel mir zu Hilfe gekommen war, dass er vor dem Herrn und der Jungfrau Maria Fürbitte für mich einlegte. Diese erreichte mich aufgrund der Liebe, in der mein Engel vor Gott stand. Dieselbe reine Liebe ließ Gott durch die Jungfrau Maria in einem beständigen Strom über mich kommen, was mir die Kraft gab, mich gegen eine so große böse Macht zu wehren, die mich aufgrund meiner Schuld und Schande beherrschte.

Diese machtvolle Kraft ermöglichte es mir, mich inmitten dieses Sees zu erheben und meinen Blick auf den Fuß des goldenen Felsens zu richten, dorthin, wo er das

Wasser berührte. Ich hatte nicht die Kraft, zum Himmel aufzuschauen, doch es gelang mir, zu einem Stück des Felsens zu gelangen, der das Licht Gottes war – Hoffnung und Stärke. Ich wurde vom Felsen angezogen, und als ich ihn anschaute, verwandelte er sich in helle, fließende Moleküle. Als ich in ihn eindrang, verschmolz ich mit dem Himmel und erlangte wieder den Zustand, in dem ich mich befand, bevor ich anfing zu sündigen. Der Herr vergab mir und trennte mich von der Sünde und dem Bereich des Bösen. Unvorstellbare Freude erfüllte mich, es war ein unbeschreiblicher Sieg über die schrecklichsten Seelenqualen.

Plötzlich fand ich mich im See wieder, aufs Neue umgeben von dem Bereich des Bösen und in einer Situation, die noch schwieriger als die vorhergehende war. Im Zustand der schweren Sünde vor dem heiligen Richterstuhl des Herrn zu stehen, ist eine entsetzliche Erfahrung. Sehr wenige Seelen erringen sogleich den Himmel. Die meisten werden in das Fegefeuer verwiesen, einige erwartet Hölle.

Um die Macht der Fürbitte besser zu verstehen, muss man das Wirken der Engel Gottes und der Heiligen in unserem Leben beschreiben, besonders in dem Moment, da wir vor dem heiligen Richterstuhl stehen. Zuvor bin ich kurz auf das Wirken der bösen Mächte eingegangen. Nun möchte ich von all dem Guten berichten, das vom Himmel kommt und uns aufgrund der Gnade Gottes begleitet. Eine knappe Unterweisung unseres Herrn ließ mich Zeuge dessen werden, was uns entsprechend dem Zustand unserer Seele erwartet. Es ist schwierig, dieses Erlebnis zu beschreiben; es kam mir vor wie mein wirklicher endgültiger Urteilsspruch, da der Herr mich in dem Glauben ließ, nicht in dieses irdische Leben zurückzukehren. Wenn es so gewesen wäre, wäre ich nicht gerettet worden!

Nach dem, was ich bisher in der Gegenwart Gottes zu sehen bekommen habe, war mir klar, dass meine Seele verloren war – und dabei hatte ich noch längst nicht alles gesehen! Allein aufgrund der Barmherzigkeit Gottes bin ich hier und lasse Sie an meinem Erlebnis teilhaben.

Unser Leben mit den Engeln Gottes

Gleich zu Beginn soll herausgestellt werden, dass die himmlischen Wesen als reine Geister geschaffen wurden, die ihr Geschick frei bestimmen konnten. Während Luzifer und seine Gefährten sich gegen Gott erhoben, blieben die anderen Ihm treu.

In dem Moment, da diese Geistwesen einen Auftrag auf der Erde erhalten, um den Willen Gottes für den Menschen zu erfüllen, werden sie zu Engeln. Der Begriff „Engel" bezeichnet das Wirken als Bote, das Ausführen einer Mission. Engelwesen können aus jedem der neun Chöre stammen, entsprechend dem Auftrag, den sie erhalten. Die Erzengel, die sieben Geistwesen, die sich in der Gegenwart Gottes befinden, werden in dem Alten wie auch in dem Neuen Testament deutlich mit einem bestimmten Auftrag dargestellt, in dem sie solange aktiv sind, bis der Herr wieder kommt und uns mit dem Neuen Jerusalem vereinigt.

In der Heiligen Schrift lesen wir viel über das Wirken der Engel. In neuerer Zeit beobachteten wir einen Engel des Herrn, der sich im Jahr 1916 in Fatima drei Kindern zeigte und die Erscheinung der Jungfrau Maria ankündigte. Er lehrte die Kinder zu beten und wies sie an, in der Gegenwart eines solchen himmlischen Wesens auf die Knie zu fallen, mit dem Gesicht zu Boden.

In dem Moment, da Gott einem Menschen den Lebensfunken bringt und Seinen Heiligen Geist der Seele einhaucht, bestimmt der Herr für diese Seele einen zuverlässigen Wächter. Sobald eine Frau in ihrem Leib ein Leben empfängt, beginnt der Kampf mit dem feindlichen Engel, der sicherzustellen versucht, dass die Seele niemals geboren wird. Der treue Schutzengel übernimmt die schwierige Aufgabe, die Seele gegen den eifersüchtigen Feind zu verteidigen. Wenn sich die Seele der Schwangeren im Stand der Gnade befindet, bleibt sie stark und bildet gemeinsam mit ihrem Schutzengel einen wichtigen spirituellen Schutz für das unschuldige Wesen, das schon im Mutterleib von den Mächten des Bösen bedroht wird. Wenn die Seele der Mutter jedoch im Stand der schweren Sünde lebt, ist es für deren Schutzengel ein recht schwieriger Kampf, da diese Frau allein aufgrund der Tatsache, dass sie sich im Bereich des Bösen befindet, diesen unbewusst unterstützt. Und dessen Mission ist es zu zerstören.

Der Engel Gottes behilft sich mit den Segensgaben, die die Mutter von ihren Vorfahren erbte, und auch mit den Gnaden, die sie möglicherweise im Sakrament der Ehe empfing. Denn das Sakrament der Ehe besitzt einen eigenen Engel, der den damit verbundenen Segen hütet – auch wenn die Ehe von Sünde befleckt ist.

In diesem ersten Moment beginnenden Lebens beschirmt der Engel nicht die Mutter, sondern das unschuldige, gefährdete Kind. Das Wirken des Schutzengels einer Mutter, die in der Sünde lebt, wird durch die Beziehung eingeschränkt, die sie mit dem Teufel eingegangen ist. Denn dieser versorgt die Mutter mit einem gefallenen Engel oder einer Legion von Engeln, die zu Wächtern ihres eigenen Verderbens bestimmt sind.

Wenn sich der Schutzengel des Ehesakramentes mit dem Schutzengel der Mutter zusammentut, dann stärkt dies die Verteidigung. Gleichzeitig starten die gefallenen Engel einen Angriff mit all den Waffen, welche die

Eltern des Kindes ihnen durch ihre Sündhaftigkeit liefern. Es ist offensichtlich, dass der Teufel in einer durch Unzucht schwanger gewordenen Frau dahingehend wirkt, dass sie nicht nur Unzucht treibt, sondern auch durch die Verlockung einer Abtreibung zur Mörderin wird. Es ist nicht zu fassen, was alles geschehen kann, wenn wir uns im Bereich des Bösen befinden! Für einen Moment des Vergnügens will er uns auf ewig der Erlösung berauben.

Wenn die Sünde der Unzucht bei einer Frau Folgen hinterlässt und sie sich dafür entscheidet, dass das Geschöpf in ihrem Schoß leben soll, dann wird ihr eine Reihe von Schutzengeln zu Hilfe kommen, um sie vor den üblichen Schwierigkeiten zu bewahren, die der Feind denen bereitet, die ihn verraten haben. Denn es ist schließlich Ziel des Bösen, sie dazu zu bringen, einen Mord zu begehen. Wenn die Mutter ihre Sünde bereut und umkehrt, wird sie Demütigung, Diskriminierung und weitere Schwierigkeiten zu erdulden haben, was Gott als eine Art Wiedergutmachung für die begangene Sünde zulässt. Wenn sie in den Stand der Gnade zurückkehrt, werden die Engel ihr bedingungslos helfen, da sie sich für das Leben des Kindes entschieden hat. Die Probleme aus ihrer Mutterschaft jedoch werden sie lebenslang begleiten.

Der Mensch ist von Engeln des Herrn umgeben, denn der Herr hat uns nicht ins Exil geschickt, damit der Feind uns vernichte, sondern Er gab uns die Möglichkeit, uns der heiligen Engel als Schutz zu bedienen. Es sind die Menschen, die durch ihr Leben – sei es in der Gnade oder in der Sünde – darüber entscheiden, welche

Engel sie in ihrem Leben begleiten: ein gefallener Engel oder ein Engel Gottes.

Man könnte sagen, dass uns bei der Geburt eine Armee von Engeln beider Seiten willkommen heißt. Diese Armeen stellen die gesamte spirituelle „Wirtschaftskraft" eines Menschen dar, der am Anfang seines schwierigen Weges zu Gott hin steht. Das Ergebnis, das dieses Geschöpf am Ende eines Lebens im Fleisch aufzuweisen hat, wird künftige Menschenleben auf transzendentale Weise beeinflussen. Aus diesem Grund wird ein Heiliger bei Erlangung des höchsten Grades der Reinheit sogleich auf eine Ebene mit den Engeln Gottes gestellt; dabei befreit er durch seine Reinheit viele Seelen aus dem Fegefeuer. So wird es zukünftigen Seelen ermöglicht, in die Welt zu kommen, im Fleisch geboren zu werden und die Gnade Gottes zu erlangen, ohne der Armee von Teufeln wehrlos gegenüberstehen zu müssen. Wenn beispielsweise jemand dank der Erbsünde von Dunkelheit umgeben geboren wird, bleibt er ohne Hoffnung auf eine geistige Waffenrüstung, da seine Vorfahren diese durch ihre Übertretungen verschlissen haben.

In dem Moment, da unser spirituelles Wachstum in der Welt beginnt, nimmt auch unsere Beziehung zu der Armee Gottes ihren Anfang. Diese wird all unser Tun begleiten. Wenn wir in unseren ersten Lebensjahren das Alter erreicht haben, in dem wir von der Vernunft Gebrauch machen, gehen wir mit den Engeln des Herrn eine Beziehung ein. Sie führen uns in jedem Bereich unseres Handelns. Wenn wir uns der Gegenwart der Engel bewusst werden, dürfen wir keinen Gedanken daran verschwenden, dass sie uns etwa zu etwas zwingen oder auf irgendeine Weise unsere Entscheidung beeinflussen. Die Engel erfüllen vor allem den Willen Gottes! Gott schenkte uns den freien Willen, um uns entweder für das Licht zu entscheiden, in dem die Engel Gottes uns leiten und beschützen, oder für die Dunkelheit, in der die gefallenen Engel uns steuern und manipulieren.

Wenn wir ganz in der Gnade leben, werden die heiligen Engel zu unseren wichtigsten und mächtigsten Gefährten, die man sich nur vorstellen kann. Sie sind bei all unseren Entscheidungen gegenwärtig. Da sie im Licht stehen, können sie das Endergebnis unserer Entscheidungen sehen – wie unbedeutend diese uns auch erscheinen mögen. Anders als die Menschen sind die Engel im Vollbesitz aller Erkenntnis und können deshalb die Auswirkungen unseres Handelns deutlich erkennen. Da sie reiner Intellekt sind, müssen sie über nichts nachdenken, sondern verstehen alles unmittelbar.

Sie haben auch die Macht, unseren Verstand und unsere Vorstellungskraft zu inspirieren, um uns in heiliger Kreativität zu führen, die allmählich einen Weg der Rechtschaffenheit hervorbringt: Sie führt uns auf einen Weg, der erfüllt ist von Werken, die der Erlösung dienen und uns in den Bereich der Reinigung und Wiedergutmachung stellen; von Werke, die uns ein Höchstmaß an spiritueller Erfüllung während unserer Zeit der Gnade in dem Leben im Fleisch bringen. So können wir unsere menschliche Daseinsweise dafür benutzen, in den Himmel zu kommen und den Platz eines gefallenen Engels einzunehmen.

Die Nächstenliebe ist eine der mächtigsten Waffen im Kampf gegen den Teufel! Wenn wir uns mit einem wahrhaft demütigen Herzen in der Nächstenliebe üben, können wir uns mit einer ganzen Armee guter Engel vereinigen. Jeder Mensch, dem wir uns barmherzig erweisen, besitzt einen guten Engel. Und all diese guten Engel vereinen sich mit uns und bilden einen Teil unserer Verteidigung und der bedingungslosen Hilfe. Jemand, der seinen Nächsten liebt, besitzt ein Herz voller Barmherzigkeit und ist mit himmlischer Inspiration erfüllt.

In unserer Kindheit werden die Weichen für den Rest unseres Lebens gestellt. Hier legen wir ein spirituelles Bankkonto an und beginnen damit, die Früchte unserer Taten darauf einzuzahlen. Viele wichtige Schlachten wurden während unserer Kindheit geschlagen; und trotz des Wirkens der Engel des Herrn veränderte das sündige Leben der Eltern viele Leben in diesem Alter gravierend. Alle Bereiche der Finsternis, denen das Kind ausgesetzt ist, beeinflussen es auf die eine oder andere negative Weise.

Wenn es um Dinge geht, die mit der Wirtschaft zu tun haben, ist die Präsenz der Engel Gottes gewaltig. Denn Geld ist eines der größten Einfallstore, die der Teufel benutzt. Alles, was wir für unser Leben brauchen, wird in dem Kampf zwischen den Armeen des Guten und des Bösen eingesetzt. Am Ende ist alles, was wir für unseren Lebensunterhalt nutzen, die Frucht einer der beiden Armeen. Wenn ein Mensch in schwerer Sünde lebt, verwandelt der Teufel mit Sicherheit all dessen materiellen Besitz einschließlich dessen, was dieser Mensch persönlich zum Lebensunterhalt benötigt, zu guter Letzt in ein Instrument des Bösen. Sein Geld wird von den bösen Mächten verwaltet und ermöglicht es dem Teufel, der Menschheit großen Schaden zuzufügen.

Wenn dagegen jemand im Stand der Gnade Gottes lebt, wird alles von den Engeln Gottes verwaltet, die mit jedem Cent Früchte der Tugend hervorbringen. Ein mit Reichtum gesegneter Mensch, der wie Lazarus sein Geld nach dem Willen Gottes gebraucht, wird ein wertvolles Instrument des Himmels sein, durch das die Engel den Herrn verherrlichen. Denn ein solcher Mensch wirkt große Akte der Liebe und der Barmherzigkeit, die mehr und mehr erstrahlen, wenn sie vor den Richterstuhl des Herrn gebracht werden.

Jemand, der eine bestimmte Wissenschaft beherrscht, die Hilfreiches für die Menschheit hervorbringt, und der im Bereich des Herrn seine Entscheidungsfreiheit bewahrt hat, wird von den Engeln als ein wichtiges Werkzeug für das Reich Gottes auf Erden gebraucht, indem sie ihm ein solches Wissen eingeben. Dem gegenüber stehen Wissenschaftler wie Freud, die wissenschaftlich Bedeutendes geleistet haben, sich selbst jedoch in der Finsternis begruben. Indem Freud die menschliche Sexualität zu einem Ausdrucksmittel erklärte, mit dessen Hilfe sich die Menschheit von all dem emotionalen Mangel im Mutterschoß befreien könne, erlegte er ihr zwei der größten Sünden auf: Abtreibung und Homosexualität. Diese Rechtfertigung eines freizügigen Lebensstiles entbindet den Menschen von seinen moralischen Verhaltensnormen und stuft ihn auf seine animalische Natur zurück. Das Traurigste daran ist, dass diese Lehre eine wahre wissenschaftliche Komponente enthält, die falsch ausgelegt wurde. Die Theorie basiert auf einer tatsächlichen Grundlage, die in der Praxis jedoch verdreht und pervertiert wurde.

Wenn man im Bereich Gottes lebt, bietet sich eine sichere Lösung für jedes menschliche Dilemma wie von selbst an. Gedanken, Absichten und Taten werden von dem Licht geleitet, das alles bis zur Perfektion gelangen lässt, weil sich diese in vollkommener Harmonie mit dem spirituellen Wachstum zu Gott hin befinden. Gleichzeitig weist ein solcher Mensch allen um sich herum einen gangbaren Weg auf und bringt in Verbindung mit dem Licht selbst ein Meer von Licht hervor, das von all den vielen Engeln Gottes abstrahlt, die ein Geschöpf im Stand der Gnade umgeben.

Je länger man in der Gnade bleibt, desto mehr Licht nimmt man auf, da immer mehr Engel und Heilige gegenwärtig sind und einen in eine wirkliche Quelle des Lichts verwandeln. Man muss sich jedoch ständig darum bemühen, dieses Licht des göttlichen Geistes am Leuchten zu halten. Es erhellt wie eine Lampe jeden Schritt auf dem irdischen Weg zum Himmel. Wenn wir in der Dunkelheit der Sünde wandeln, bringen wir diese Gnadengabe zum Erlöschen, unsere Seele nimmt die Dunkelheit auf und entwickelt Ängste, Unsicherheit, Unruhe und Depression.

Wenn wir von dem rechten Weg abgewichen und in die Dunkelheit geraten sind, ist es schmerzhaft, wieder in das Licht zurückzukehren, weil wir die Spuren sehen können, die wir im Bereich des Feindes zurücklassen. Man muss einiges dafür tun, seine Seele zu reinigen und seine Unschuld, das Licht und die Gesellschaft der Engel Gottes wiederzugewinnen. Dasselbe Licht, das uns einhüllt, ermöglicht es uns, deutlich zu erkennen, dass wir uns am besten sogleich wieder reinigen; ansonsten wird es immer schwieriger.

Das alles sind automatische Reaktionen, um eine Rückkehr in den Stand der Gnade zu bewirken, besonders wenn man zur Kenntnis nimmt, dass wir unsere von der Sünde beschmutzte Kleidung säubern müssen, solange wir im Fleisch sind. Vom Fleisch befreit, ist es unmöglich, den Schaden, den wir angerichtet haben, wiedergutzumachen. Wenn die Gussform fehlerhaft ist, dann ist es auch das entsprechende Produkt. Wir müssen erst die Form reparieren, bevor wir das Material hineingießen – in diesem Fall unsere Seele. Wir müssen berücksichtigen, dass jede gute Inspiration von den Engeln des Herrn gefördert wird und im Wesentlichen eine göttliche Inspiration ist. Der Engel des Herrn ist ein Bote der Gnade, deshalb ist alles, was der Engel in uns aktiviert, ein Produkt des göttlichen Willens. Denn für jeden – seien es Engel, Heilige oder Menschen – hat Gott einen Plan.

Die Engel haben es schwer, die Deponie der Versuchungen, denen man erlegen ist, zu bewachen, die die Menschen während ihres Exiles auf Erden aufgehäuft haben. Jede Versuchung erreicht uns durch die Sinne und wird zu einem Verlangen; oder sie beginnt mit passiven, noch schlafenden Gedanken. Wenn man beispielsweise Nahrungsmittel oder Alkohol missbraucht, sammeln und lagern dieselben Dämonen, die uns diese Güter und die Maßlosigkeit beschert haben, diese Versuchung, denen man erlegen ist, auf. Sie warten geduldig darauf, dass der zustimmende Gedanke, der nicht aus dem Licht kommt, Gestalt annimmt. Die Engel Gottes bewachen dieses bestimmte Depot und stellen sicher, dass es nicht genutzt wird, indem sie beständig eine innere Reinigung fördern: durch die Beichte, das Fasten, durch Reue und Kasteiung. Diese Waffen helfen uns, die Reinheit unserer Seele zu bewahren, die dauernd von Vorstellungen bombardiert wird, die uns jeden Tag in Versuchung führen. Deshalb steht geschrieben, dass auch der Gerechteste sieben Mal am Tag sündigen kann.

Die Pflege des Geistes zu beherrschen ist schwer und die wichtigste Schlacht, die zu schlagen ist. Unsere Seele hängt davon ab, dass begangene Sünden sich nicht anhäufen und zu Strömen der Dunkelheit werden, die losbrechen und außer Kontrolle geraten können. Nachdem sie lange Jahre in der Gnade Gottes gelebt haben, lassen viele Menschen es zu, dass sich so einige Versuchungen, denen man nachgegeben hat, in die Seele einschleichen. Wir können diese Menschen ganz in eine dekadente Welt abdriften sehen, weit weg von der Gnade. Dazu gehören viele Priester, Ordensleute und geweihte Laien, die sich in den schrecklichsten Sünden verfangen haben, nachdem sie ein beispielhaftes Leben geführt hatten, erfüllt vom Wirken für das Reich Gottes.

Der Geist des Bösen liefert ein brillantes Argument zur Rechtfertigung eines Menschen, den er vorher nicht in seinen Klauen gehabt hatte: Er macht ihn glauben, er hätte eine Ruhepause von seiner Disziplin verdient, er sei schließlich auch nur ein Mensch, und einmal der Versuchung nachgeben, mache in das nächste Mal dafür umso stärker. Der Feind benützt Millionen von

Taktiken, um sicherzustellen, dass eine Seele, sobald sie einmal gefallen ist, in der Dunkelheit bleibt, wo er sie nach und nach immer mehr verderben kann. Deshalb wird jemand, der nicht sogleich nach einem Fall wieder aufsteht, es schwer haben, später die Kraft dazu zu finden. Je länger man braucht, um sich wieder aufzurappeln, desto wahrscheinlicher wird der Weg der Umkehr voller Gefahren sein.

Die Seele eines Priesters, eines Ordensmannes bzw. einer Ordensfrau und eines geweihten Laien ist am häufigsten den Anfechtungen des Teufels ausgesetzt. Indem sie ihr Leben Gott schenkt, verwandelt sich eine geweihte Seele in einen Tabernakel Gottes. Und diese zu Fall zu bringen bedeutet, den heiligen Tabernakel unseres Herrn zu beschädigen.

Die Engel des Herrn errichten starke Festungen der himmlischen Miliz rund um die Menschen, doch respektieren sie immer dessen Freiheit. Nichts, was von Gott kommt, verpflichtet oder beherrscht. Es hilft uns, wenn wir unseren Schutzengel einladen und darum bitten, jede Handlung in unserem Leben zu begleiten, um den Teufel zu verprellen, der uns zu umgarnen sucht. Wenn wir Liebe und Loyalität zeigen, die uns durch unsere Verbindung mit unseren Engeln geschenkt werden, nährt und stärkt uns das so, wie das Wasser die Pflanzen durchtränkt.

Der Herr wies jedem von uns auf Lebenszeit einen Schutzengel zu, der sich mit vielen anderen Engeln zusammenschließt, um der Seele, die unter seiner Obhut steht, ein Höchstmaß an Unterstützung zukommen zu lassen. Wenn eine Seele im Zustand der Gnade vor den

Richterstuhl des Herrn tritt, ist es wie der triumphale Einzug eines Soldaten, der aus dem Krieg zurückkehrt, begleitet von einer großen Armee von Kriegern, die ihm im Kampf zur Seite standen. Es ist der Triumph der Seele, der Tag der Krönung des Christen.

Der Einzug einer Seele voller Sünden vor den Richterstuhl des Herrn hingegen ist wie die Ankunft eines Gefangenen, umgeben von seinen Kerkermeistern und begleitet von den aufs Äußerste betrübten himmlischen Wächtern, die von der Seele zurückgewiesen wurden. Das ist eine schmerzvolle Parade, ein verlorener Kampf, der Sieg des Bösen. Allein die göttliche Barmherzigkeit vermag eine solche Seele aus ihrem schrecklichen Gefangensein im Bereich des Bösen zu befreien.

Es wäre nötig, in einer eigenen Abhandlung die Rolle der Engel Gottes in unserem Leben herauszuarbeiten, sie hören niemals auf, uns zu lehren und zu führen. Doch ich glaube, ich konnte einen kurzen Einblick in ihre Funktion geben und in all das, was ich über diese heiligen Geistwesen des Herrn gelernt habe.

Das Wirken der Heiligen

Die Heiligen befinden sich zwar in Gesellschaft der Engel, wurden jedoch nicht [wie diese] rein geschaffen, sondern mussten sich im Exil der materiellen Welt durch ein Leben im Fleisch reinigen. Dies ist eines der größten Wunder der Schöpfung und das wunderbarste Zeugnis der Barmherzigkeit Gottes.

Heiligkeit auf der menschlichen Ebene ist mit der Loyalität vergleichbar, die der heilige Michael während der Rebellion der Engel bewies. Man wird zu einem Heiligen, indem man den reinen Akt der Loyalität gegenüber dem Schöpfer aufs Vollkommenste ausübt und gleichzeitig alles zurückweist, was im Laufe des Lebens aus der Dunkelheit kommt. Der Triumph des Heiligen ist der Kranz des Christen, der heilige Neid der Engel Gottes: *„Du hast dich an mein Gebot gehalten, standhaft zu bleiben ... Halte fest, was du hast, damit kein anderer deinen Kranz bekommt"* (Offb 3,10–12).

Unser allmächtiger Vater vergab uns unsere Erbschuld und sandte uns Seinen Sohn als den neuen Adam, um uns durch Ihn das ewige Paradies wieder neu zu schenken, aus dem wir verbannt worden waren. Gott schuf eine Seele, die in dem aus Lehm gebildeten Körper wohnt, und verwandelte sie in reinen Geist, damit dieser den Platz einnehme, den die gefallenen Engel freigemacht haben. Das Konzert der Seelen, das von dem Schöpfer herab auf die Erde fließt und von der materiellen Welt wieder zu dem Schöpfer zurück, bildet den göttlichen Kreislauf im Hinblick auf das Neue Jerusalem, der zweiten Herabkunft Jesu. Die von den gefallenen Engeln verlassenen Plätze werden von den Heiligen eingenommen werden, um den Heilsplan zu erfüllen und das Paradies zu erneuern. So schreibt der heilige Paulus im ersten Korintherbrief (6,3), dass die Heiligen über die Engel richten werden.

Heilige sind das eigentliche Werk des Schöpfers. Das Mysterium besteht aus der Reinigung des Menschen durch das Fleisch. Zu Beginn der Schöpfung waren die Engel als reine Geistwesen in der Lage, den Schöpfungsplan zu erfassen; einige verweigerten sich daraufhin der Vorstellung, einem Menschen zu dienen, der als niedrigeres Wesen geschaffen wurde und über die Engel erhoben werden sollte. Deshalb schlossen sich zahlreiche ungehorsame Engel der Gefolgschaft Luzifers an. Ihre Rebellion endete folgerichtig in der Verdammung und der Vertreibung aus dem Himmel. Um sich zu rächen, wandten sie sich gegen die Schöpfung Gottes: gegen die Menschen und die loyalen Engel.

Gott, dessen Wege höher sind als die unseren, nutzte die Wut der Dämonen für die Reinigung der Heiligen. Trotz der Fallstricke, die Satan der Menschheit legt, gelingt es den Heiligen, auf Gott ausgerichtet und Ihm treu zu bleiben. Die Ausdauer, die der Teufel darin beweist, fortwährend das Böse zu propagieren, macht es umso wahrscheinlicher, dass Gott dies zulässt. Denn durch diese Geißel formt Gott seine Geschöpfe aus Lehm und reinigt ihre Seelen, so dass sie, sobald sie vom Fleisch befreit sind, Gott schließlich für immer umarmen können.

Ein Mensch, der auf dem Weg der Heiligkeit wandelt, entdeckt schließlich eine sehr klare spirituelle Welt, die sich auf wunderbare Weise darzustellen beginnt, je mehr er sich dem göttlichen Licht nähert. Gott lässt nicht zu, dass eine Seele von bösen Mächten verursachte Qualen erleidet, gegen die sie sich nicht wehren oder die sie nicht aushalten kann. Der Weg der Heiligkeit spiegelt die Kreuzigung und Auferstehung wider: Er führt durch einen schmerzhaften Tod zu einem anschließenden Triumph, denn Jesus verwandelt die Drangsale, die wir im Fleisch erdulden, in eine Leiter, die zum Himmel führt.

Die lebendige Gegenwart des Heiligen Geistes schärft das geistige Auge des Heiligen und stellt ihm den spirituellen Kampf in absoluter Deutlichkeit dar. Das erschwert dem Heiligen den Lebensweg zusätzlich, doch er findet Kraft, indem er seine Augen auf den Weg heftet, der zum himmlischen Reich führt, das schon sichtbar ist. Ein Mensch, der die Gnade der Heiligkeit von Gott erhalten hat, hält sich an die strengste spirituelle Weisung.

Die gefallenen Engel führen einen grimmigen Kampf darum, nicht von Heiligen in den frei gewordenen Plätzen ersetzt zu werden. Doch aufgrund des göttlichen Planes und durch das Wirken der Engel als Gesandte ist die himmlische Armee dafür verantwortlich, den andauernden irdischen Kampf im Schulterschluss mit den Heiligen zu führen, um ihnen dabei zu helfen, die himmlische Herrlichkeit zu erlangen.

Der Herr hat viele Wohnungen für uns bereitet. Deshalb können wir beobachten, wie die Geschichte der Heiligkeit uns ein reiches Erbe hinterlassen hat – reich an spirituell von den verschiedenen Engelchören inspirierten, auf der Basis des göttlichen Planes auserwählten Seelen. Um es einfach auszudrücken: Jeder Heilige kann von einer Vielfalt von Engelchören geleitet werden, entsprechend der Gnade, die unser allmächtige Vater ihm gewährt. Wenn wir dieses Wissen in unserem Herzen tragen, können wir verstehen, weshalb die Heiligen unsere Verehrung verdienen, und wir können ihre Fürsprache wertschätzen. Es ist nicht nötig, dass die Heiligen ihre Gnadengaben mit in den Himmel nehmen, denn der Himmel ist reine Gnade; deshalb fließen all die Gnadengaben der Heiligen uns zu, für unser Wohlergehen hier im Exil; sie werden uns durch die Fürsprache des Herrn geschenkt.

Wenn sich ein Priester auf die Heilige Messe vorbereitet, legt er der Liturgie entsprechende heilige Gewänder an, damit er sich in geziemender Weise dem Opferaltar nähert. Ebenso verhält es sich, wenn wir durch die Fürsprache eines Heiligen zum Herrn beten: Wir legen uns das passende Kleid dieses Heiligen an, um unser sündiges Fleisch zu bedecken und vor den Herrn zu treten, um in einem reinen Akt der Demut Seine Barmherzigkeit zu erflehen. Die Fürsprache eines Heiligen bei unserem Herrn kann man damit vergleichen, dass sich in einer großen Familie der ältere Bruder, der sich gut mit dem Vater versteht, für einen jüngeren Bruder in einer bestimmten Angelegenheit einsetzt. Beides sind Bittgesuche und Akte der Demut, einmal in der Familie des Herrn, das andere Mal in einer menschlichen Familie.

Wir wissen, dass es keines Vermittlers bedarf, wenn wir uns an Gott wenden. Denn unser guter Gott ist barmherzig und hört uns stets in Liebe zu. Doch eine Fürbitte ist vor Gott noch größer, denn sie kleidet uns in Demut – wie bei dem Zöllner im Evangelium, der den Herrn vom Eingang des Tempels aus anrief und es nicht wagte, sich dem Altar zu nähern.

Unter all der Schönheit, welche die spirituelle Heiligkeit zu bieten hat, erkannte ich deutlich die Hindernisse, die einige Mönche veranlasste, sich aufgrund ihres Hasses, den der Teufel in ihre Herzen gepflanzt hatte, gegen die Kirche zu wenden [gemeint sind Luther und seine Anhänger]. Als ihnen bewusst wurde, dass der Weg zum Himmel der Weg des Kreuzes ist und Leiden, Opfer sowie strenge spirituelle Disziplin erfordert, entschieden sie, sich von der Kirche zu trennen. Sie stellten einen neuen Heilsplan auf, in dem die Sündenvergebung und die Pfingstgnade hevorgehoben wurden. Auf diese Weise musste man sich weder der grausamen und schmerzvollen Realität von Golgota stellen noch das Kreuz mit unserem Herrn tragen.

Wir sind dazu berufen, Christus ähnlich zu werden und Seiner Passion nachzufolgen. Doch wenn wir es dem Fleisch nicht gestatten, mit Jesus zu sterben, feiern wir nur die Auferstehung. Um den Samen des Widerspruchs zu verbreiten, hielten sich die Abweichler nicht an die Vorgaben der von unserem Herrn gegründeten Kirche, sondern setzten alles daran, die Kirche zu spalten. Gerade so wie der verlorene Sohn sein Vermögen verschwendete und den Vater um Verzeihung bitten musste, so begaben sie sich in ein fremdes Land, um den Schatz unseres Herrn Jesus Christus zu vergeuden. Und eines Tages werden sie nach Hause zurückkehren müssen, um die Mutter Kirche dafür um Vergebung zu bitten, dass sie die Mittel für die Erlösung verschleudert haben. Ich spreche hier von unseren Brüdern, die den Protestantismus begründeten. Es ist traurig, aber dennoch ließ unser Herr dies zu, der in Seiner unendlichen Liebe auch den Aposteln vergab, als sie Ihn im wichtigsten Augenblick Seiner Passion verleugneten und verließen.

In dem Moment, da wir vor dem heiligen Richterstuhl stehen, treten die Heiligen im Himmel für unsere Seele ein. Dann erkennen wir das Resultat all unserer Gebete.

Die Gemeinschaft der Heiligen erweitert sich während unseres Lebens hier auf Erden entsprechend der Früchte vergangener Generationen, die ein Leben des Gebetes führten und dem Herrn treu waren. Sie wurden dadurch für viele künftige Generationen zu einem Segen – in einem solchen Ausmaß, dass selbst uneinsichtige Sünder, die weit weg von Gott sind, von den Wohltaten profitieren, die sich aufgrund des spirituellen Kampfes unserer Vorfahren angehäuft haben.

Es gibt Heilige, die nach dem göttlichen Plan Pflichten der Engel erledigen: Sie geben unterstützende Heilsbotschaften an auserwählte Seelen weiter, indem sie sich mit der himmlischen Schar zusammentun, die beständig den Seelen dabei hilft, die Erlösung zu erreichen, und sich diesen auf ganz persönliche Weise offenbaren. Gleichzeitig wird den auserwählten Seelen die Gnade gewährt, die mystische Sprache der heiligen Botschafter zu verstehen, die sie mit Waffen für den spirituellen Kampf ausrüsten.

Es gibt unzählige Arten, Seelen in den Himmel zu führen, die man etwa so zusammenfassen kann: Alles, was wir vom Himmel erhalten, wird uns mit der Verheißung gegeben, dass es sich uns dann in aller Deutlichkeit offenbart. Sicherlich können viele von Ihnen, die diese Gnade erhalten haben, dies bestätigen – es ist schwierig, es in Worte zu fassen und zu erklären.

Die Heiligen halten Fürsprache für die Seelen, die sich zur Läuterung im Fegefeuer befinden, besonders für jene, von denen sie verehrt wurden. Viele dieser Seelen müssen ungelöste Dinge aus ihrem irdischen Leben bewältigen; sie müssen zu der Erkenntnis gelangen, dass der Grad ihres Leidens mit dem Zustand ihrer Seele im Moment des Todes zusammenhängt. Während solche Seelen im Fegefeuer leiden, setzen die Heiligen die Fürbitte für sie fort, zur Wiedergutmachung für die Sünden, für die die Seelen auf Erden keine Buße getan hatten. Und die Heiligen werden all deren guten Taten dazu benutzen, die Zeit der Läuterung zu verkürzen, der sich diese Seelen wegen ihrer schlechten Taten unterziehen müssen.

Wir wissen, dass die Seelen im Fegefeuer nicht mehr dazu in der Lage sind, den Schaden, den sie durch ihr Sündigen im Fleisch angerichtet haben, wiedergutzumachen. Wir wissen auch, dass alles in Jesus Christus, unserem Herrn, geheilt und hinweg genommen werden kann. Deshalb wird es der Seele ermöglicht, das Fegefeuer zu verlassen und in die göttliche Gnade des Himmels einzugehen, wenn andere für all das Fürbitte leisten, das nicht wiedergutgemacht wurde. Dies ist ein Beweis der unendlichen Barmherzigkeit Gottes gegenüber Seinen Kindern, die zwar dem Weg der Erlösung folgen, es jedoch nicht schaffen, während ihres Lebens im Fleisch die Vollkommenheit zu erreichen.

In den Evangelien mahnt uns Christus, so vollkommen wie Sein himmlischer Vater zu werden. Er zeigt uns den Weg und wie wir ihn gehen sollen, und Er zeigt uns die Wahrheit. Er verheißt uns das ewige Leben, doch weist Er uns warnend darauf hin, dass es besser sei, unsere offenen Rechnungen mit unseren Brüdern und Schwestern in diesem Leben zu begleichen. Ansonsten werden wir in das Gefängnis gebracht und können dieses erst dann wieder verlassen, wenn auch der letzte Cent bezahlt ist (vgl. Mt 18,30).

Es gibt wohl kein besseres Beispiel, keine deutlichere Beschreibung für das Fegefeuer als die Botschaft unseres Herrn in diesem Gleichnis. Er zeigt auf jede mögliche Weise auf, dass die Heiligkeit der einzige Weg zur Erlösung ist. Deshalb sollten wir nicht erwarten, dass ein christliches Leben nur darin bestehe, Jesus als unseren Erlöser anzunehmen sowie Sein Wort zu lesen und zu verkünden. Um die Vollendung und die Wiedergutmachung unserer Sünden zu erlangen, genügt dies nicht. Wir müssen vielmehr auch das Kreuz mit authentischen Akten des Aufopferns und echter Barmherzigkeit umarmen sowie jeden Tag mehr in der Reinheit des Glaubens leben und bedingungslos den Zehn Geboten gehorchen. Indem wir dies tun, zeigen wir Gott unsere Treue und werden Ihm immer ähnlicher.

Der Heilige unterstützt jegliche loyale Handlung des Menschen, ist jedoch genauso streng wie unser Schutzengel. Eine Ungerechtigkeit als Gebetsanliegen wird er nicht tolerieren. Wenn der Bußfertige die Versprechen nicht erfüllt und in spiritueller Untreue wandelt, indem er sich dem Materiellen anpasst, spricht der Heilige ein ernstes Wort und verlässt ihn. Der Heilige ist dem Menschen treu, wenn dieser seiner Verehrung treu bleibt. Ein Heiliger kann nur dann vor dem Herrn für uns eintreten, wenn der Bußfertige selbst sich mit demütigem und zerknirschtem Herzen zu Füßen des Herrn wirft und seine Nichtigkeit, seine Armseligkeit erkennt und vor dem heiligen Gericht um Barmherzigkeit fleht. Nur eine solche Seele wird die Fürsprache eines Heiligen gewinnen. Wir können weder einen Heiligen noch unseren Herrn an der Nase herumführen!

Die Gemeinschaft der Heiligen ist mit unserer trinitarischen Wirklichkeit der Kirche verflochten und darin ganz aktiv: in der triumphierenden Kirche im Himmel, in der leidenden Kirche im Fegefeuer und in der streitenden Kirche auf Erden. Diese „heilige Dreiheit" verbindet sich mit der Heiligen Dreifaltigkeit von Vater, Sohn und Heiligem Geist, um das Reich Gottes zu errichten – ein wahrhaft mächtiges Bündnis!

Das Leben der Heiligen ist dem der Sünder ähnlich, doch die Heiligen kommen direkt in den Himmel, während andere in das schmerzhafte Fegefeuer oder in die ewige Verdammnis gelangen. Die Heiligen verwandeln sich selbst zu wahren Lichtspendern, zu Brunnen lebendigen Wassers, das vom Schöpfer zu Seinen Geschöpfen fließt und denen zur Heilung und Befreiung gereicht, die die Wege der Heiligen kreuzen oder deren Segen erlangen. Denn in diesen wohnt der lebendige Christus, der die Seelen erneuert. Und diese Seelen helfen Ihm, Sein Kreuz zu tragen.

Sobald ein Heiliger in der Herrlichkeit unseres Herrn als Soldat Christi gekrönt wird, legt er sein Fleisch ab und ist in einer spirituellen Reinheit gegenwärtig, die derjenigen der Engel gleicht. Durch die guten Werke, die er auf Erden hinterlassen hat, setzt er seinen Kampf um die Seelen bis zu dem Tag fort, an dem unser Herr Jesus Christus wiederkommen wird. Das Erbarmen Gottes ist wirklich überwältigend! Eine himmlische Familie zu haben, die uns in diesem Tal der Tränen beisteht, damit wir uns das Geschenk der ewigen Seligkeit verdienen, ist wirklich ein Segen!

Mein Prozess geht weiter

Die spirituelle Gegenwart von Sünde vor dem heiligen Richterstuhl fügt der Seele die größten Schmerzen zu. Jede Sünde ist ein Mangel an Liebe, d. h. an göttlicher Vollkommenheit. Je größer die Sünde, desto mehr mangelt es an Liebe, was in der Seele eine solche Leere bewirkt, die man nicht auszudrücken vermag. Der Schmerz ist unaussprechlich und mit nichts zu vergleichen! In der Gegenwart göttlicher Vollkommenheit tritt sogleich die Wahrheit zutage, dass all die Dunkelheit, die die Sünde über die Seele gebracht hat, zu dem größten Hindernis zwischen Schöpfer und Geschöpf wird. Die Seele, die während dieser Begegnung all die Dunkelheit des Lebens bedauert, möchte sich mit der wahren Quelle der Liebe verbinden.

Ich befand mich in einem so bösen Bereich, dass ich alle Hoffnung verloren hatte, das Licht des Herrn zu sehen. Gerade wurde mir die eine schwere Sünde vergeben, als mir schon die nächste, noch schlimmere bewusst wurde. Ich fühlte mich wie ganz von schrecklichen, brandigen Wunden bedeckt, die ich jedoch nicht sehen konnte und deren Gestank mir nicht bewusst war – bis sie plötzlich zu meinem Erstaunen eine nach der anderen zum Vorschein kamen und in mir eine tiefe Traurigkeit hervorriefen.

Je mehr wir mit der Realität der Sünde konfrontiert werden, desto mehr begreifen wir unsere Armseligkeit, unsere Nichtigkeit und unsere selbstverschuldete Trennung von Gott. Erst diese vollkommene Bewusstheit bringt das Böse in unserer Seele ans Licht und lässt uns mit Überraschung und Schrecken das Ausmaß unserer schlechten Taten und unserer Zusammenarbeit mit dem Teufel erkennen. Das bisschen Stärke, das wir während unseres Erdenlebens spirituell erworben haben, befindet sich noch dazu in einer Schieflage! Dies kann jedoch durch die Gebete derjenigen Menschen ausgeglichen werden, die um die Bedürfnisse der Seele wissen; sie stehen uns bei und bitten bei Gott für uns.

Die Kraft, die wir durch jedwede Fürsprache, und sei sie auch noch so unbedeutend, von dem Licht erhalten, ist gewaltig. Auch die geringste Liebestat tankt die Seele mit spiritueller Kraft und Hoffnung auf. Ich konnte ganz deutlich all die Aspekte des Lichtes sehen, die mich gestützt haben, als ich mich im Zustand der Sünde befand. Der Feind ist nicht dazu fähig, dem Licht gegenüberzutreten. Jede Liebestat gibt der Seele die Kraft, sich aufzurichten, sogar der Meinen inmitten solcher Verzweiflung. Taten der Liebe verscheuchen auch weitgehend die Dunkelheit und schenken der Seele genug Stärke, um die Scham zu überwinden und das Herz zu der Quelle des Lichts zu führen, die die Seele für immer in sich aufnimmt. Ich stand im Bereich des Bösen und trotzdem war meine Seele noch nicht verloren; dies war mein entscheidender Kampf zwischen ewigem Leben und Tod.

„In meiner Todesstunde rufe mich, vor dem bösen Feind beschütze mich!" Dies ist ein sehr mächtiges Gebet. Wenn wir nur um die Macht wüssten, die Gott uns im Gebet gegeben hat; wenn wir nur die Herrlichkeit kennen würden, die uns erwartet; wenn wir Gott nur treu wären und unser Leben auf Knien verbringen und Ihn darum bitten würden, dass uns während unseres

Lebens im Fleisch die strengste Buße auferlegt werde, damit wir gereinigt würden! Doch das Fleisch kann zu unserem schlimmsten Feind werden, es spricht zu uns aus dem Staub, aus dem es stammt. Die Welt hält uns dermaßen gefangen, dass wir in der Überzeugung gestärkt werden, dass alles, was Schmerz und Leid lindert, ein Sieg sei. Im Gegenteil, es ist ein Fluch! Der Böse lenkt unser Augenmerk auf ein materialistisches Leben, das sich ausschließlich auf die Annehmlichkeit der Sinne, des Instinktes und der Vernunft ausrichtet und uns zu Sklaven unserer Leidenschaften und Instinkte macht.

Ich war umgeben von den bösartigsten und verkommensten gefallenen Engeln, die man sich nur vorstellen kann. Ich wusste, dass mir die Schau einer schrecklichen Szene bevorstand. Ich wurde mitten hineinversetzt, es war in Hamburg und ich war einundzwanzig Jahre alt. Ich sah einen weiten Raum, in dem ich mit einer gleichaltrigen Schauspielerin ein Theaterstück probte. Es hatte sehr viel mit Sexualität zu tun. Wir beide waren die Hauptdarsteller und entschieden, dass es aus Gründen der Realitätsnähe und der Intimität für das Stück besser sei, den Geschlechtsakt zu vollziehen. Dies war nur eine intellektuelle Rechtfertigung für die Lust, angeregt durch böse Geistwesen, die in uns diesen Samen gelegt haben, den wir mit Wohlgefallen annahmen.

Ich werde niemals den Schmerz erklären können, eine solche Szene in Gegenwart des Himmels nochmals zu durchleben. Wir wurden ein einziger Leib, und es schien, als ob wir nicht mehr dazu imstande wären, uns voneinander zu lösen. Wir sahen aus wie jemand mit vier Beinen, vier Augen und vier Händen. Es war eine makabre Szene, die mich noch weiter von Gott entfernte. Verständlicherweise war ich ganz davon überzeugt, dass ich verdiente, für immer in der Dunkelheit zu bleiben, in der schrecklichen und ewigen Gottesferne, den monströsesten Feinden ausgeliefert. Angesichts solch trüber Aussichten neigt die Seele dazu, ihr Elend und die Trennung von Gott hinzunehmen – wegen der Scham, die durch die Gegenwart der Seelenfeinde noch verstärkt wird.

Die Geistwesen, die die sexuelle Unreinheit unterstützen, sind so schrecklich, dass man gleich versteht: Je mehr wir die Unreinheit, zu der sie uns zu verleiten suchen, in unser Leben integrieren, desto mehr werden wir schließlich wie sie im Fleisch handeln. Als ich beobachtete, wie sie während dieser sündigen Szene umherschlichen, konnte ich erkennen, wie sie mich in die Sünde gelockt hatten, wie sie unser Fleisch gegeneinander ausspielten, wie sie unsere Leidenschaft schürten und uns dabei in den Dreck zogen. Sie trennten uns von der Möglichkeit, jemals das Licht zu schauen.

Ich bemerkte, wie ich ihr Verhalten und ihre Gestik übernahm. Ich hatte Talent darin, das andere Geschlecht schwach zu machen, ebenso war ich wegen der Fleischeslust schnell von Frauen eingenommen. Darin erkannte ich das Werk des Bösen: Er verlieh mir die höllische Gabe, andere mühelos zu verführen und selbst noch leichter verführt zu werden. Wenn wir uns im Bereich des Feindes befinden, wird unser Verhalten von dem bösen Geistwesen beeinflusst, das uns leitet – und in manchen Fällen sind dies mehrere Geistwesen oder eine ganze Legion. In diesem Moment konnte ich klar erkennen, dass da eine Kombination von feindlichen Geistwesen war, die mich und das Mädchen lange zuvor verführt hatten.

Wir werden unaufhörlich von einer perfekten Macht aus der Hölle umgarnt. Wir führen ein Leben der Unreinheit und berauben uns während unseres irdischen Lebens ständig selbst der Gnade. Dies wiederum hält uns davon ab, unsere Seele zu nähren, weshalb wir in tiefe spirituelle Armut fallen. Und wenn wir dann vor dem heiligen Richterstuhl stehen, besitzen wir nicht ein Gramm Kraft, das göttliche Licht zu schauen. Deshalb bleibt uns nichts anderes übrig, als die Dunkelheit zu akzeptieren.

Heutzutage manipuliert der Geist der Unreinheit viele Menschen; ich beobachte sie, wie sie das Verhalten des Teufels zur Schau tragen: Er atmet durch ihre Augen, durch jede ihrer Körperbewegungen, durch jedes ihrer gesprochenen Worte und durch die Art ihres Lachens. Dies ist traurige und grausame Wirklichkeit.

Die unreinen Geistwesen bringen uns dazu zu glauben, es sei für die menschliche Existenz normal und schon immer so gewesen, dass man seine erwachende Sexualität auslebt. Dieser Umstand rechtfertigt intellektuell die Fleischeslust als etwas Privates; sie sollte genauso genährt werden wie ein Raubtier in einem Zirkus: Man wirft ihm lebendige Beute vor, damit es sie noch warm und blutig genießt. Auf die gleiche Weise behauptet auch der Mensch seine pulsierende Wildheit, indem er während seiner Pilgerreise auf Erden immer wieder das Feuer dieses Teufelskreises schürt. All dies erkannte ich – das war ich in allen möglichen Aspekten sexueller Unreinheit – mit all die Dämonen, die wegen der sexuellen Unreinheit meiner Vorfahren hinter mir her waren. Es war wie Öl ins Feuer gießen, ins Feuer meiner eigenen Sünden. In dieser schrecklichen Trennung von Gott gab mir die göttliche Fürbitte die Kraft, diese Sünde zu überwinden und mit dem Licht des Schöpfers zu verschmelzen; doch ich wurde erneut schwach und auf andere Weise noch schlimmer unrein.

Fürbitte ist etwas so Besonderes und Unbeschreibliches, ganz abgesehen davon, dass es das größte Geschenk Gottes ist. Jedes Mal, wenn eine meiner Sünden vor dem heiligen Richterstuhl zur Verhandlung kam, besonders diese bestimmte Szene, wurden deren Auswirkungen durch eine Fürbitte des Himmels gemildert. Es ist, wie wenn jede durch eine Sünde verursachte Wunde von einem bestimmten Erreger befallen ist und entsprechend behandelt werden muss.

Als ich versucht war, im Fleisch zu sündigen – besonders in dieser speziellen Sünde – wurde ich Zeuge der Gegenwart vieler Engel, die gegen den Feind in den Kampf zogen. Darunter befanden sich mein Schutzengel und der Schutzengel derjenigen Person oder der Personen, die an solch einer Versuchung beteiligt waren. Sie bemühten sich sehr, die Versuchung abzuwenden; und während sie die Macht dazu besaßen, machte unser sündiges Handeln ihren Schutz unwirksam. Sobald die Engel unsere Schwäche bemerken, flehen sie Gott an, es ihnen zu ermöglichen, uns vor dem schrecklichen Geschehen zu bewahren. Sie leisten Fürbitte für uns, während wir entschlossen waren zu sündigen. Ich möchte den Leser daran erinnern, dass ich von mir selbst spreche, von meiner Seele, die im Zustand der schweren Sünde im Alter von dreiunddreißig Jahren vor dem heiligen Richterstuhl stand.

Als ein Beispiel für die unterschiedlichen Formen der Fürbitte bei der Bekämpfung der Unreinheit möchte ich eine Szene beschreiben, die ich zu Beginn dieses Buches im Zusammenhang mit Donna und Cindy erwähnt habe. Beide Beziehungen waren ein „Geschenk" der selben Kategorie von bösen Geistwesen, die mich seit meiner Teenager-Zeit in all den Dingen, die mich zu beschäftigen begannen, anleiteten. Sie befanden sich in Gesellschaft all der bösen Geister, die mich schon umgaben, sowie in Gesellschaft derer, die diese beiden Frauen mitbrachten. Wir befanden uns in einem unvorstellbaren spirituellen Kampf, denn in diesem Fall gesellte sich noch eine andere Gruppe böser Geister dazu, die mit Hilfe der Hippie-Revolution eine gewaltige Verderbnis in unsere Generation brachte.

Lieber Leser, wenn unser Herr Ihnen doch nur für einen winzigen Augenblick erlauben würde, das zu erkennen, was ich vor Seinem heiligen Richterstuhl sah: Was es für mich bedeutete, als diese beiden Frauen in mein Leben traten, und umgekehrt. Es wäre eine ungemeine Warnung und ein ungeheurer Hinweis auf die Ernsthaftigkeit des Kampfes um unsere Seelen. Ich war in der Lage, die Bedeutung unseres Lebens als eine Symphonie der Seelen im Gleichklang zu erfassen. Wir sind für das ewige Leben im Himmel bestimmt, doch wir werden ständig von den grausamsten Feinden angefallen, die es sich zum Ziel gesetzt haben, uns für ewig in der Hölle zu quälen.

Mit meiner Beziehung zu Donna begann die längste Folge teuflischer Ereignisse in meinem Leben. Durch sie wurden mir zweierlei Gifte injiziert: Der Drogenkonsum und die Promiskuität. Letzteres war ein von den Vorfahren überkommenes Erbe und die Folge eines kurzen Abstechers in die Unreinheit, bevor ich zu einem Jugendlichen wurde. Donna brachte die Unreinheit zum Entzünden, die erst dann erlosch, als ich im Alter von siebenundvierzig Jahren den Herrn fand.

Es ist nicht nötig, all diese krankhaften, unreinen sexuellen Handlungsweisen auf die Art und Weise wiederzugeben, wie sie sich vor dem Herrn darstellten. Durch die Schilderung des ersten unreinen Geschlechtsaktes wird dem Leser eine klare Vorstellung davon vermittelt, was im Zusammenhang mit der Unreinheit des Fleisches geschieht. Es muss jedoch auf die unterschiedlichen Strategien hingewiesen werden, die der Böse benutzt. Um mich auf Cindy vorzubereiten, schuf er einen Strang des Verderbens, indem er seine finsteren Hilfsmittel bei den Menschen anwendete, mit denen ich in Kontakt kam. Cindy und ich waren schuld daran, dass viele Seelen zerstört wurden; durch uns lernten sie LSD kennen und ein spontanes lockeres Sexualleben.

Dies niederzuschreiben schmerzt. Der Böse beruft uns in seine Armee und bildet uns dazu aus, große Manöver der Unreinheit anzuführen. Dies bedingt eine sorgfältige Vorbereitung von Seiten des Bösen, die in unserer Jugend beginnt und sich allmählich über unser ganzes Leben erstreckt. Der Böse kennt die Gaben und Talente, die der Herr uns gegeben hat; er möchte sich dieser in seinem Bereich bedienen, schon früh in unserem Leben, da sie sonst zu Waffen werden, die gegen ihn verwendet werden.

Beide Frauen waren äußerlich schön und sehr intelligent; sie waren gewandt und stammten aus einer industrialisierten Großstadt – aus einer Welt, die für uns in Bogotá unerreichbar schien. Damals, in den sechziger Jahren, war Bogotá eine relativ kleine Stadt mit provinzieller Atmosphäre. Die an einen einfachen Lebensstil gewöhnten Bewohner wussten nichts vom städtischen Leben. Diese scheinbaren Botschafter des Himmels hingegen kamen von einem Ort, an dem das Leben der Welt zugewandt war, und beide vereinten in sich all das, was nötig waren, mich ganz und gar zu verzaubern.

Bis dahin hatte ich keine so junge Frau getroffen, die eine solche Schlauheit und Weltgewandtheit wie diese beiden Mädchen besaßen, ganz zu schweigen von dem Ausmaß ihrer Freiheit. Ich möchte mich keineswegs als ein Opfer dieser beiden Mädchen bezeichnen. Im Gegenteil, die Mischung, die Satan aus uns Dreien zusammengebraut hat, enthielt alles, um ganze Menschenmassen zu vergiften. Ich möchte nur die Rolle, die sie spielten, beschreiben. Ich unterstützte sie in all den Vorhaben, die uns an den Abgrund führten, und half ihnen dabei, immer tiefer zu fallen, ohne auch nur die geringste Ahnung davon zu haben, dass dies in Wahrheit die Auswirkungen des Bösen waren, das in den schönsten Freundschaften sein Unwesen treibt. Ich will damit weder sagen, dass wir Marionetten Satans waren, noch dass wir nicht die Kraft gehabt hätten, uns zu entscheiden. Wir waren uns durchaus bewusst, dass wir gegen alle moralischen Gesetze Gottes handelten.

Es ist ein unbeschreibliches und nicht zu begreifendes Mysterium, warum Gott es zulässt, dass die List des Feindes uns ohne unsere Tugenden dastehen lässt. Ich glaube, dies ist der günstigste Augenblick für das Eingreifen der göttlichen Barmherzigkeit, um uns vom Boden des Abgrundes emporzuheben und auf den wahren Weg der Liebe zurückzuführen. Wenn wir von dem Herrn gerettet werden, werden wir zu wahren Soldaten Seiner Armee. Wir wissen um die Waffen des Bösen, die sich gegen uns richten, und sind in der Lage, sie künftighin sofort zu erkennen und dadurch standhaft in der Armee des Lichtes zu bleiben. Indem wir all das nutzen, was wir in unserem Kampf mit dem Teufel gelernt haben, sind wir nun dazu in der Lage, den gerechten Kampf zu unterstützen und gefangene Seelen zu befreien.

Mit anderen Worten: Unsere Erfahrung mit dem Teufel kann zur Rettung von Seelen beitragen, wenn wir anderen das beibringen, was wir selbst gelernt haben. Unglücklicherweise wird es immer die geheimnisvolle Ausnahme der ewigen Verdammnis so vieler Seelen geben, die nicht zu dem Schöpfer gelangen und heulend und zähneknirschend in der Finsternis bleiben. Gott allein vermag dies zu erklären.

Es wird mir nicht gelingen, etwas über all die zahlreichen bösen Geistwesen herauszufinden, die an der Verdammnis meiner Seele wie auch an der von Donna und Cindy mitgearbeitet haben (und auch an so vielen anderen Seelen, die hoffentlich nicht für immer verloren sind), solange ich nicht vor dem Richterstuhl des Herrn stehe. Diese böse Armee führte eine große Schlacht, deren Ausgang bis zum Eingreifen der göttlichen Barmherzigkeit nicht absehbar ist.

Unser eigener himmlischer Begleitschutz sowie die Armee Gottes, die mit jedem, dem wir begegnen, in Kontakt steht, setzte sich in einem gewaltigen unmittelbaren Kampf gegen das Böse für unsere Rettung ein. Während der vielen Monate, die ich mit Cindy zusammen war, mussten einige der Engel Gottes oftmals mitten in unseren intensivsten Aktivitäten gegen uns kämpfen. Im Nachhinein kann ich die Eile Satans erkennen, der unsere Jugend und Vitalität dazu nutzte, uns Tag und Nacht pausenlos aktiv zu halten. Uns erschien es damals wie ein ganz besonderes Leben voller Liebe und Lust, als etwas, das man selbst im Traum nicht für möglich gehalten hätte.

Satan weiß, wie kurz und vergänglich unser irdisches Leben ist. Er weiß, dass er die entscheidenden Momente unserer Existenz nutzen muss, um den größten Schaden anzurichten, so dass wir im Erwachsenenalter nicht mehr die Kraft haben, uns zu ändern, auch wenn wir es uns von Herzen wünschten. Er bestärkt uns im Glauben an diese Welt und richtet unser Augenmerk auf das irdische Leben, um dann wiederum das Licht aus unserer Seele zu vertreiben. Das ist typisch für Seelen, die den falschen Weg einschlagen und Christus aus ihrem Leben ausblenden, nachdem sie die Gnade des Taufsakramentes empfangen hatten. Dann kann uns nur die Barmherzigkeit Gottes retten. Gott allein kennt den Weg, auf den uns der Teufel geführt hat, nur Er kann uns Seine Engel schicken, um uns nach Hause zu holen und uns allmählich wieder auf den Heimweg zu bringen. Weil wir uns auf den Weg zur Hölle und wieder zurück gemacht haben, sind wir fähig, die Wege des Bösen zu erkennen, so dass wir niemals wieder den Weg des Bösen beschreiten, der uns nur in große spirituelle Finsternis führt.

Das Leben im Fleisch kann uns hinab in die Verdammnis führen oder uns zu ewiger Glückseligkeit erheben. Beim Tod eines guten jungen Menschen fragen wir uns manchmal, ob er durch die göttliche Barmherzigkeit vor der Hand des Teufels bewahrt wurde. Denn Gott weiß um die Pläne, die der Finstere gegen diese bestimmte Seele schmiedete. Deshalb nahm Er sie zu sich, um sie zu bewahren.

Cindy wurde an einen tiefen Abgrund geführt und starb schließlich an einer Überdosis Heroin. Wie schon erwähnt, benutzte mich der Böse noch für viele Jahre und zog aus meiner Lebensfreude und der künstlerischen Neigung seinen Vorteil. Kein Talent zieht Luzifer mehr an als die Künste. Indem er die Künste und die Künstler manipuliert, fängt er Millionen von Seelen weltweit ein, besonders in der heutigen Zeit. Da sich das tatsächliche Ende der Zeiten nähert, hilft der Böse solch einem Talent schnell zur Hochform aufzulaufen.

Heute sehen wir mehr denn je eine immer größer werdende Anzahl junger Stars auf der Bühne, die sich die Bürde der Macht, des Reichtums und des Ruhmes auferlegen. Ihr hoher Bekanntheitsgrad und ihr Einfluss dienen dazu, womöglich Millionen von Seelen zu verderben, da die Massen danach eifern, das dekadente und weltliche Benehmen dieser Stars nachzuahmen. Jedes meiner künstlerischen Talente wurde von dem Bösen dazu benutzt, den giftigen Einfluss meines Handelns zu verstärken.

Ich begann, mit Drogen zu experimentieren, als ich die Bekanntschaft mit Donna machte. Wir rauchten Marihuana; später griff ich gemeinsam mit Cindy zu LSD, Mescalin, PCP, halluzinogenen Pilzen und vielen anderen Drogen. Gleich von Anfang an verleitete uns Satan zum illegalen Drogenhandel – jeder, der Drogen konsumiert, endet irgendwann als Drogenhändler. Hast du einmal damit begonnen, Drogen zu nehmen, möchtest du die ganze Welt damit beglücken; schließlich verkaufst du sie an jedermann. Wenn man für andere Drogen kauft, fängt man irgendwann damit an, für sich selbst einen kostenlosen Teil davon abzuzwacken. Solche illegalen Drogen erfordern ein Einkommen, das man nicht hat; das Leben wird verworren, man wechselt ständig seinen Sexualpartner – es geht bergab. Was danach geschieht, lässt sich nicht beschreiben, doch wir alle wissen, dass dieser Weg der Dunkelheit kein gutes Ende nimmt.

Der Böse nutzt diese Abhängigkeiten, um die Menschen zu jämmerlichen, unreinen und pervertierten Handlungen zu bewegen. Am Ende steht eine Gefängnisstrafe, ein tragischer Tod oder eine schreckliche Krankheit, ganz abgesehen von dem Ausschluss aus der Gemeinschaft, dem Verlust des guten Rufes und der Persönlichkeit. Dies alles ist die Strategie der Hölle, das allmähliche Herabziehen der Seele, weitverbreitet in den letzten Tagen der Endzeit.

Meine Sünden der Unreinheit mit Donna, Cindy und all den anderen Frauen vor meiner Heirat mit zwanzig

Jahren wurden dem Herrn als Ereignisse präsentiert, die in einem gemeinsamen Umstand gipfelten: Sie wurden angeführt von einer Legion böser Geistwesen, die mit meinen kalifornischen Freunden aus Nordamerika gekommen waren, sowie von einer Legion, die mich von meinem Heimatort nach Bogotá begleitet hatte.

Es ist unmöglich zu erklären oder gar darüber zu schreiben, wie ich all das vor dem göttlichen Richterstuhl erlebte. Am besten zu erklären ist es mit der ersten sexuellen Unreinheit, damit Sie erkennen, dass jede unerlaubte Vereinigung im Fleisch zwei Menschen nicht nur zu einem Fleisch werden lässt, sondern sie beständig an den Bereich des Bösen bindet – es sei denn, sie bereinigen ihre Wege, solange sie im Fleisch sind, und befreien ihre Seele aus den Ketten der Unreinheit, indem sie sich bekehren. Jede einzelne dieser Sünden wird vor den Richterstuhl des Herrn gebracht. Und der Übeltäter muss jede dieser unreinen sexuellen Handlungen voller Schmerzen betrachten und sich den schrecklichsten Nachstellungen des Bösen aussetzen. Denn dieser sorgt dafür, dass jede Szene nochmals durchlebt wird und dass deren Folgen jeden Winkel der Seele durchdringen. Die von solchen Sünden gequälte Seele fällt in einen bodenlosen Abgrund und wird von Gott getrennt. Ich betone nochmals, dass nur die Barmherzigkeit Gottes eine Seele aus dem Griff ihrer eigenen Sünden retten kann.

Bis zum Alter von einundzwanzig Jahren führte ich ein miserables Leben. Was ich in meiner Vision zu sehen bekam, kann sich niemand vorstellen! Eine Gruppe böser Geistwesen, die alle miteinander in Kontakt standen, setzte jedes einzelne meiner „Verhältnisse" wie ein

Puzzle zusammen. Jedes entwickelte sich aufeinander folgend, scheinbar beiläufig, in Wirklichkeit jedoch war alles geplant. Der Teufel wusste, wer als nächstes kommen sollte, um den Ausverkauf meiner Seele fortzusetzen – und auch den Ausverkauf der Seelen, die durch mein Handeln in Mitleidenschaft gezogen wurden. Davon werden in der Zukunft Hunderte von Menschen gezeichnet sein, versehen mit dem Gift der Promiskuität. Dies ist vergleichbar mit einem Krebsgeschwür, das allmählich in die Zellen eindringt, bis es den ganzen Organismus durchdrungen hat – in diesem Fall die Menschheit.

Wir können uns die Frage stellen: Wo bleiben die Engel Gottes währenddessen? Was tun sie? Weshalb lässt Gott solch ein Übel, eine solche Unreinheit zu? Die Antwort findet sich im Evangelium: Gott zwingt seine Geschöpfe zu nichts, Er lässt uns die Freiheit zu wählen und uns zu entscheiden. Jeder, der mit mir auf dem Weg der Unreinheit zu tun hatte – egal, wie alt er war –, handelte ausnahmslos nach seinem eigenen Willen. Jeder begab sich auf die vorgeschlagenen Wege der bösen Geistwesen und bildete mit diesen ein Team, um das Böse zu verbreiten. Unsere Schutzengel verlassen uns niemals, sie werden zu traurigen Zeugen unserer sündigen Wege, so wie es bei mir geschah!

All die Schutzengel derer, die sich während dieser Jahre mit mir in diesem Teufelskreis der Unreinheit befanden, nahmen teil an dem gewaltigen Kampf! Sie versuchten, den Einfluss des Bösen zurückzudrängen, dessen Absicht es ist, jeder einzelnen Seele Schaden zuzufügen. Doch es war ein ungleicher Kampf; lediglich der Segen, der durch meine Ahnen auf mich gekommen war, sowie die seltenen Andachtsübungen, die ich während meiner Kindheit gemacht hatte, unterstützten die Engel Gottes, denn der Bereich dieser besonderen Gegenwart war durch mein Gewissen beschmutzt. Es gab nichts, das die Schutzengel hätten tun können, außer sich um meine Bekehrung zu bemühen.

Ich halte es für wichtig, dem Leser noch einen weiteren Bereich der Sünde aufzuzeigen, die transzendente Folgen mit sich bringt: Die Zunge. Jesus lehrt uns, dass der Mensch nicht durch das, was er isst, Schaden nimmt, sondern durch das, was aus dem Herzen kommt. Er erzählt uns in aller Deutlichkeit von den Folgen des Gebrauchs der Zunge. Wenn wir wissen wollen, wer tatsächlich in uns lebt, müssen wir auf die Worte, die aus unserem Mund kommen, hören. Und wenn wir wissen wollen, mit wem wir es zu tun haben, müssen wir gleicherweise auf die Worte achten, die aus dem Mund des anderen kommen.

Wenn wir vor dem Richterstuhl des Herrn stehen, schmerzt es festzustellen, dass jedes Wort, das wir ausgesprochen haben, zur Realität geworden ist und in der Gegenwart Gottes entsprechend gewertet wird. Diese Erkenntnis ist ein Augenöffner, denn die meisten Menschen achten nicht darauf, was sie sprechen und hören. Gesprochene oder gehörte Worte, mit denen wir übereinstimmen, fließen in unser Handeln ein; deshalb sollen wir immer darauf achten, was wir sagen und hören, da wir in beidem schuldig werden können.

Das gesprochene Wort ist eine sehr wirkungsvolle Waffe. Wenn wir den Namen Jesu ehrfürchtig aussprechen, dann beugen sich alle Knie; wenn wir ihn für einen Fluch gebrauchen, dann verdorrt alles. Die Unterweisung des Apostels Jakobus über den Gebrauch der Zunge sollte immer wieder gelesen werden!

Eine der vielen Verfehlungen im Bereich des Bösen, die Gott mir zeigte, bezieht sich auf meine Zunge. Sie wurde zu einer Waffe, mit der ich in der Grundschule einen Mitschüler, der oft von anderen Schülern gehänselt wurde, auf furchtbare Weise verletzte. Denn seinen scheußlichsten Spitznamen hatte er von mir erhalten. Dieser Name haftete ihm zeit seines Lebens an, er hatte von jedermann Demütigung und Nachstellung zu erdulden, was ihm große Seelenqualen bereitete. Dieser Junge wuchs isoliert und in extremer Einsamkeit auf, was umgekehrt zu einer Reinheit seiner Seele führte, wie man es sich nicht vorstellen kann. Dieser Reinheitsprozess fügte all den Seelen, die zu der Heiligkeit dieses Jungen beitrugen, großen Schaden zu. Dies mag verwirrend erscheinen, doch genau so geschah es vor dem Herrn. Wenn wir die grausamen Taten, die wir hilflosen und unschuldigen Menschen antun, nicht beachten, werden wir weitreichende spirituelle Konsequenzen zu tragen haben.

Man könnte einwenden, dass ich zu jung gewesen sei, um es besser zu wissen, und noch kein ausgereiftes Gewissen gehabt hätte, weil ich damals erst in die Grundschule ging. Dies ist jedoch nur der Versuch einer vernünftigen Erklärung, denn vor dem Richterstuhl unseres Herrn tritt die Weisheit zutage, die Weisheit, die im Moment der Geburt in der Seele klingt und uns daran hindert, Unwissenheit vorzutäuschen, um eine solche Handlungsweise zu rechtfertigen. Die Seele empfindet den Schmerz über die Sünde in dem Moment, da sie begangen wird oder sogar schon dann, wenn sie beschlossen wird. Deshalb gibt es keine Entschuldigung.

Ich lernte, dass jede Sünde, die nicht bereut und gesühnt wurde, von Dämonen bewacht wird. Um zu erklären, was das in unserer spirituellen Bilanz bewirkt, möchte ich Ihnen eine bestimmte Szene beschreiben, die ich vor dem Herrn gesehen habe.

Eine Gruppe von Leuten reihte sich früh am Morgen vor einem Bankschalter auf. Aus irgendeinem Grund arbeitete der Kassierer sehr langsam. Einer aus der Warteschlange wurde ungeduldig und begann sich zu beschweren, er beschimpfte die Bank, die Angestellten und schließlich die Regierung. Die Leute in der Schlange wurden unruhig und begannen ebenfalls zu murren, und beschimpften, wenn sie ihm endlich gegenüberstanden, ebenfalls den Kassierer. Daraufhin verlor der Kassierer die Geduld und benahm sich schlecht für den Rest des Tages. Als Kettenreaktion dieser Ereignisse sprang der Unmut auch auf andere Stadtteile über und trug dazu bei, Feindseligkeit und Gewalt anzuheizen. Er setzte sich per Telefon jenseits des Ozeans weiter fort und schuf so einen unglaublich weiten Radius schlechten Verhaltens. Am Ende des Tages konnte man extreme Gewalttaten verzeichnen – als eine Folge der Reaktion eines Menschen auf einen Kassierer, der ihm nicht schnell genug arbeitete. Vor dem Richterstuhl des Herrn müssen wir nicht nur für unsere direkten Taten – wie die in der Warteschlange vor dem Kassierer – einstehen, sondern auch für das, was am Ende dabei herauskommt.

Der Böse kennt die Auswirkung unserer Worte, da er nicht wie wir von Zeit und Raum begrenzt ist. Er kann die Zunge seines Schülers auf Anhieb so steuern, dass ein schrecklicher Flächenbrand entsteht. Es mag übertrieben klingen, trotzdem wollte ich Ihnen diese Begebenheit mitteilen, die sich während meiner spirituellen Begegnung mit dem Herrn meinem Gedächtnis eingeprägt hat. Ich weiß, dass nur durch dieses besondere Beispiel die Augen der Seele erkennen, was aus dem Weg geräumt werden muss, solange es nicht zu spät ist.

Wie oft geschieht es, dass jemand den Sohn, den Bruder oder Freund verflucht und schreckliche Dinge sagt, um ihnen den Seelenfrieden zu nehmen? Wie oft wurde jemand durch einen verbalen Angriff einer geliebten Person für den Rest seines Lebens verletzt? Diese schrecklichen Dinge geschehen, weil derjenige, der die Schmähworte ausspricht, nicht in der Lage ist, seine Worte zu kontrollieren. Solche verbalen Pfeile werden vom Bösen eingegeben, der genau weiß, welches Gift und welche Dosierung in diesem Moment nötig ist, um möglichst tief zu verletzten – nicht nur das Opfer, sondern auch den Verursacher selbst. Ich beziehe mich hier auf den Sünder, der nicht in der Gnade Gottes lebt und dessen Zunge sich in den Händen des Feindes befindet.

Die Zunge ist ein relativ kleines Organ, das sowohl Gutes wie auch Schlechtes bewirken kann. Tratsch und Klatsch sind etwas Grausames, möglicherweise eine der schlimmsten Waffen, die der Seele den größten Schaden zufügen können – vor allem der Seele dessen, der den Klatsch verbreitet. Auch wenn es unserem weltlichen Denken entspricht, dass der vom Klatsch Betroffene dadurch angegriffen wird, geschieht – spirituell gesehen – tatsächlich das Gegenteil: Derjenige, der den Klatsch verbreitet, wird am Ende dadurch verletzt, wohingegen das Opfer des Klatsches eine Gelegenheit erhält, seine Seele zu reinigen.

Neben dummem Geschwätz kann Klatsch auch dazu dienen, die Wahrheit über andere ans Licht zu bringen, um jenen bewusst zu schaden. Manchmal ist der Teufel so gerissen, dass er uns dazu verleitet, ein bestimmtes Geheimnis über jemanden preiszugeben. Wir werden verführt zu glauben, wir würden jemandem einen Gefallen tun, wenn wir das Schlechte, dass wir in ihm zu sehen meinen, anderen mitteilen. In Wirklichkeit ist diese Vortäuschung, jemandem einen Gefallen zu tun, eine der geschickten kleinen Fallen Satans, in die die meisten Menschen geraten. Ein Geist der Spaltung bewirkt im allgemeinen Konflikte – und es ist dieser Geist, der Menschen inspiriert, die es allzu gut meinen. Das soll nicht bedeuten, dass es schlecht sei, einen Hang zum Behüten zu haben. Irgendetwas läuft jedoch bei denen verkehrt, die es allzu übertreiben. In solchen Fällen ist es besser für uns, wenn wir den Menschen sagen, sie sollen uns nicht so sehr lieben.

So wie die Zunge den Verlauf unseres Heilsweges prägt, so tut dies auch der Willen. Wenn er nicht dem Willen Gottes entspricht, kann er uns mit Leib und Seele in die Hölle bringen. Jeder Böswillige genießt den Moment und verspürt gar ein Brennen in seinem Herzen, wenn das Gift in seinen Worten willentlich das beabsichtigte Ziel trifft und Schaden anrichtet. Zeuge eines solchen Vorfalles vor dem göttlichen Richterstuhl zu sein, ist unbeschreiblich schmerzhaft. Es mag genügen zu sagen, dass jedes Wort, das wir aussprechen, entweder eine „Einzahlung" zugunsten unserer Erlösung oder ein „Abheben" für unsere Verdammnis ist.

Wenn der Heilige Geist unsere Zunge leitet, ist sie in Gottes Hand. Wenn wir diese Gnade erfahren, ist alles, was wir aussprechen, voller Liebe und dient ausschließlich der Reinigung, der Stärkung, der Unterstützung und der Vergebung. Unser Reden erhellt, inspiriert und vermittelt eine beständige hoffnungsvolle Einstellung. Wenn sich die Zunge in der Hand des Teufels befindet, spricht sie Flüche aus, betrügt, lügt, beschuldigt, verurteilt, quält und beklagt, sie vermittelt eine unversöhnliche, ungeduldige, verpestende, vulgäre und bösartige Haltung. Sich der Verwaltung unserer Heilsökonomie bewusst zu sein, ist die größte Herausforderung in unserer Beziehung zu Gott. Niemand aus unserem irdischen Leben wird uns vor dem heiligen Richterstuhl zur Seite stehen. Wir allein sind für unser Verhalten verantwortlich, sei es gut oder schlecht. Unsere Taten werden vor Gericht die einzigen Zeugen sein.

Manche Menschen haben sich eine obszöne Sprechweise angewöhnt. Sie bringen irgendwelche Gründe vor, um dies zu rechtfertigen, es gehöre zu ihrer Kultur und würde von ihrer Umgebung akzeptiert. Auf diese Weise wird ihre Zunge zu einem Instrument der Kurzweil und des Vergnügens. Solche Menschen sind Marionetten des Teufels. Satan bedient sich ihrer Zunge, um die Atmosphäre zu verderben und die Engel Gottes zu vertreiben, die möglicherweise um die Menschen herum sind, die sich in der Gnade Gottes befinden.

Ich weiß, dass es lächerlich erscheinen mag, von den Engeln zu sprechen, die um uns herum sind, wenn man sich nicht des spirituellen Kampfes bewusst ist, der um uns herum stattfindet. Wir sind wirklich alle von guten oder schlechten Wesen umgeben, ob wir daran glauben oder nicht. Jeder kann irgendwelche Gründe dafür vorbringen, weshalb Gott, das Fegefeuer oder die Hölle nicht existieren, doch das wird an der Wahrheit nichts ändern. Dass es sie gibt, das ist sicher – wie ich in meinem Zeugnis zuvor bezeugt habe.

Der Herr befragte mich über die großen Talente, die Er mir gegeben hatte – den katholischen Glauben. In Anbetracht der Gaben, die uns geschenkt wurden, werden wir vor dem Herrn nicht auf der Grundlage unserer Religion, Rasse, Nationalität oder unserer Ansichten gerichtet, sondern nach dem, wie wir Gott und unseren Nächsten geliebt haben. Der Herr erklärte mir, dass es für einen Heiden, der nichts von Christus und dem Schöpfer gehört hat, und der in Harmonie mit seinem Gott, seinen Nächsten und sich selbst lebt, leichter ist, Erlösung zu finden, als für einen Christen, dem die entsprechenden Hilfsmittel zur Verfügung stehen – das Wissen, die Glaubenslehre, religiöse Orientierung usw. –, und der sich dafür entscheidet, diese nicht zu nutzen, sondern seine Talente zu begraben, so wie ich es tat.

Als ich vor dem heiligen Richterstuhl des Herrn stand, beantwortete Er die Frage, warum ich mich im Bereich des Bösen befunden habe. Die katholische Kirche war ein Segen für mich: Als Katholik geboren zu werden, war weder Schicksal noch einfach nur eine Entscheidung meiner biologischen Eltern. Diese haben mir den Glauben nicht aufgezwungen. Auf diese Wahrheit machte der Herr mich aufmerksam, als Er mir in einer Rückblende zeigte, wie ich mit vierzehn Jahren der Kirche den Rücken zuwandte – und damit auch den Sakramenten, die mich in dieser materiellen Welt beschützen sollten. Die Unreinheit, die ich mir in den sechziger Jahren zugezogen hatte, ließ mich meine von Gott gegebenen Talente verlieren. Die Folge war, dass ich ohne Rüstzeug dastand, so wie ein Heide, dem es an Weisung auf dem Lebensweg mangelt. Und da ich den bösen Kräften nichts entgegenzusetzen hatte, wurde mein Lebensraum natürlich immer dunkler.

Der Feind kannte all meine Begabungen und wusste, dass die mystische Gegenwart der Kirche in mir mit anderen Geistwesen ersetzt werden musste. In der christlichen Taufe empfängt man das Feuer des Heiligen Geistes, das dem Leben im Fleisch Nahrung gibt. Dieses ersetzte der Teufel mit östlichem Heidentum, Okkultismus und anderen esoterischen Praktiken und schafft so ein „Leben im Geiste", das mir die Illusion gab, auf den Flügeln des Heiligen Geistes zu schweben.

Ich lehnte die mir von Gott gegebenen Talente ab und brachte andere dazu, es mir gleichzutun. Ich riss nicht nur Witze darüber, sondern versuchte mit den unmöglichsten Argumenten zu begründen, weshalb es sinnlos sei, der Kirche anzugehören, und sprach abfällig über Christen, besonders über Katholiken. Der Herr zeigte mir, dass Er auf die Erde gekommen und Gestalt angenommen hatte, um den Schaden wiedergutzumachen, den die Sünde im Fleisch in der Vergangenheit, Gegenwart und Zukunft angerichtet hat und anrichten wird.

Mit dem Priestertum gab Er uns ein leibhaftiges heiliges Werkzeug, das uns von der Sünde lossprechen und die Ketten, die uns an den Teufel binden, lösen kann.

Unser Herr sagte zu Petrus, Er gebe ihm die Schlüssel des Himmels, und all das, was er auf Erden binden würde, würde im Himmel gebunden sein, und all das, was er auf Erden lösen würde, würde im Himmel gelöst sein. Damit setzte Er das Sakrament der Versöhnung ein – die Beichte. Dieses Sakrament lässt den Priester zu einem spirituellen Gefäß für den Heiligen Geist werden. Der Herr erklärte mir, dass wir während der Beichte zu dem Heiligen Geist beten sollen, so dass die physische Gegenwart des Priesters durch den Heiligen Geist ersetzt wird.

Da der Priester auch nur ein Mensch ist, ergeht es ihm manchmal ähnlich wie dem Beichtenden – manchmal sogar noch schlimmer, da er sein Leben Gott geweiht hat; seine Sünde wiegt doppelt. Deshalb ist das Leben eines Priesters und seine Beziehung zu Gott nicht unsere Sache, es ist eine rein persönliche Angelegenheit zwischen dem Priester und dem Herrn.

Das Sakrament der Versöhnung ist sehr mächtig, wird aber oft unterschätzt. Wenn man es in seiner Fülle beansprucht, wird es uns von unseren schwersten Lasten befreien, die wir loswerden sollten, bevor wir vor dem Herrn stehen. Ich empfehle Ihnen dieses Sakrament aufs Wärmste! Wenn wir uns dafür entscheiden, unsere Sünden zu bekennen, gebieten wir allen Aktivitäten des Teufels in unserem Leben Einhalt. Tatsächlich machen wir den Teufel vor dem Heiligen Geist „dingfest" und übergeben ihn mitsamt seiner Armee dem

Beichtstuhl – wo er hingehört. Wenn wir in unserem Herzen bereuen, wird der Heilige Geist uns schließlich aus dem Griff des Bösen befreien. Sollten wir nach einer gewissenhaften Beichte sterben, stehen wir vor dem heiligen Richterstuhl des Herrn im Bereich des Guten – anders als in meinem Fall; ich stand dem Herrn gegenüber, doch meine Füße waren fest im Bereich des Bösen verwurzelt.

Obwohl wir sicher sein können, dass uns in der Beichte die Sünden vergeben worden sind, geschieht dadurch nicht zwangsläufig eine Wiedergutmachung. Der vollkommene Akt der Wiedergutmachung beginnt mit der Eucharistie. Da Jesus Christus Fleisch geworden ist, um in Seinem Fleisch den Schaden, den die Sünde angerichtet hat, wiedergutzumachen – welches Fleisch dient diesem Zweck dann besser als Sein Leib und Sein Blut in der heiligen Eucharistie? In der Beichte werden wir von unseren Sünden reingewaschen und gleichzeitig wird unser Inneres gereinigt; darin sollte unverzüglich der Herr Wohnung nehmen, so dass der Feind kein spirituelles Vakuum vorfindet und sich darin niederlässt. Wenn wir wahrhaftig glauben, dass Jesus in der Gestalt von Brot in der Eucharistie mit Leib und Blut gegenwärtig ist, dann vollendet sich darin unser Akt der Wiedergutmachung und lässt uns Sühne für unsere Sünden erlangen.

Wenn wir jedoch nicht so recht an die Realpräsenz Jesu in der Eucharistie glauben, bleibt unser Akt der Wiedergutmachung unvollendet. Wenn wir in diesem Moment vor den Herrn kämen, wäre unsere Seele immer noch mit Sünde befleckt. Wir müssen uns von diesem Makel befreien, doch wenn wir nicht mehr im Fleisch sind, können wir diese Sünden ohne dieses Gefäß aus Lehm, in dem wir sie begangen haben, nur im sogenannten Fegefeuer wiedergutmachen.

In diesem Fall werden wir nicht mehr im Bereich des Bösen stehen, da uns die Sünden vergeben wurden. Doch es bedarf noch einer vollkommenen Reinigung, bevor wir in das ewige Paradies eingehen. Eines der besten Mittel, nach der Sündenvergebung wieder „heil" zu werden, ist, nicht mehr zu sündigen. Und falls es einmal nicht zu vermeiden ist, müssen wir sogleich zur Beichte gehen und bereuen, bevor die Sünde wieder unsere Seele zu zerstören beginnt. Wenn wir länger im Zustand der schweren Sünde verharren, landen wir in der Kloake des Teufels und sind noch schlimmer dran als vor der letzten Beichte, da der Teufel die Gefallenen noch entschlossener angreift.

Katholiken stellen im Allgemeinen das häufige Beichten in Frage, da sie davon ausgehen, die gleichen Sünden wieder zu begehen. Für das öftere Beichten gibt es einen ganz einfachen Grund: Woher wollen wir wissen, dass der Herr uns nicht schon heute Nacht abberuft?

Einer der klügsten Schachzüge Satans ist es, uns weiszumachen, dass es genüge, unsere Sünden direkt Jesus zu beichten, ohne irgendeinen Vermittler. Wenn es so wäre – was für eine Rolle spielten dann die zwölf Apostel, die Jesus dafür auserwählt hat, hinauszugehen und die Frohbotschaft der Erlösung zu verkünden? Das hätte der Herr auch ohne die Apostel, ohne Vermittler fertiggebracht. Er hätte sich die Gebrechlichkeit eines menschlichen Leibes und Sein unglaubliches Leiden und Sterben ersparen können. Als der Herr Seine Jünger paarweise aussandte, gab Er ihnen die Macht, Sünden zu vergeben oder die Vergebung zu verweigern: *„Wem ihr die Sünden vergebt, dem sind sie vergeben; wem ihr die Vergebung verweigert, dem ist sie verweigert."* Wie kann man nur über dieses Gebot Jesu diskutieren? Es steht außer Frage, dass damals das Sakrament der Versöhnung eingesetzt wurde.

Jesus nutzt unser Fleisch, um etwas Gutes zu bewirken; schließlich ist es das Fleisch, durch das wir erlöst wurden. Indem Er den Heiligen Geist über uns ausgießt, wird alles, was die Sünde verletzt hat, gereinigt, und wir werden Christus ähnlich, Abbilder Christi. Dass die Propheten, Seher und Priester als Instrumente Gottes handelten, ist kein Geheimnis mehr. Nehmen wir ein Beispiel aus dem Alten Testament: Wir können verstehen, weshalb David den König Saul in der Höhle nicht tötete. Denn er war sich bewusst, dass Gott Saul zum König gesalbt hatte. Gott manifestiert sich in Seinen Geschöpfen, und wir, der Mensch, sind Seine kostbarste Schöpfung. Wir sind Ihm so wichtig, dass er Seinen eigenen Sohn dafür hingab, die verlorenen Schafe zur Herde zurückzubringen.

Satans Falle zielt darauf ab, das Augenmerk der Katholiken auf die Sünden der Kirche zu lenken, um ihren Glauben zu schwächen, bis sie schließlich ihm zu Willen sind. Wenn wir unseren Blick auf Jesus heften, werden wir gerettet sein; wenn wir uns hingegen auf die Sünden der Priester, Ordensleute oder anderer Gläubige konzentrieren, werden wir niemals Gottes Gegenwart in unserer Kirche erfahren können.

Menschen, die in die katholische Kirche hineingeboren wurden, hartnäckig auf den Fehlern der Kirche herumhackten und sich den Protestanten anschlossen, werden nicht als Protestanten beurteilt werden, sondern als Katholiken, die der Kirche den Rücken zugewandt haben. Gott wird uns zwar nicht anhand unserer Kirchenzugehörigkeit richten, doch wenn wir mit unseren Brüdern und Schwestern starrsinnig umgegangen sind, wird er uns hart bestrafen. Diejenigen, die in eine protestantische Umgebung hineingeboren wurden, werden als Protestanten beurteilt, da Gott es so eingerichtet hat.

Der Herr führte mich in die Schätze einer zweitausend Jahre alten Kirche ein, der katholischen Kirche, die all die Jahre den Fußstapfen Jesu folgte. Die Sakramente der Kirche sind so mächtig, dass – wenn man sie ehrfürchtig und in der Liebe zu Gott empfängt – man dadurch einen gewaltigen Teil des Bereiches des Teufels erobern würde. Der Herr zeigte mir auch, wie Satan durch Sünder in die Kirche eindringt und unter denen, die schwach und lau im Glauben sind und sich noch nicht entschieden haben, in welchem spirituellen Bereich sie sich niederlassen wollen, für eine unglaubliche Verwirrung und spirituelle Unordnung sorgt.

Wie der Herr sagt, wird die Kirche heutzutage von einer großen Anzahl nicht loyaler Geistlicher geplagt. Glücklicherweise gibt es noch loyale Priester und Ordensleute, die inmitten der Dunkelheit ein gewisses Gleichgewicht aufrecht erhalten. Unser Herr hat versprochen, dass der Teufel die Kirche nicht überwältigen wird. Die dogmatische und liturgische Gestaltung der Kirche wurde durch göttliche Inspiration auf geheimnisvolle Weise zu einer absolut sicheren Waffe, die den Feind der Kinder Gottes überwindet. Die Kirche gibt zum einen Gott die Ehre und ist gleichzeitig ein Instrument für die Rettung der Menschen in ihrem irdischen Exil. Ihre Göttlichkeit dient als eine Zuflucht, gerade wenn man auf den glühenden Kohlen eines irdischen Infernos steht.

Göttliche Dinge sind hierarchisch geordnet. Für viele Christen beginnt die Hierarchie in der Gemeinde. Wenn wir uns der Bedeutung unserer Gemeinde bewusst sind, reihen wir uns in ein Armeekorps ein. Jede Seele sollte täglich diesem Korps Bericht erstatten: Alles, was wir tun, jedes unserer Gebete und jeder an Gott gerichtete, vom Herzen kommende Vorsatz sollte vor den Tabernakel der Gemeinde gebracht werden. Wenn wir in unserer Gemeinde im spirituellen Kampf zusammenstehen, dann sind wir automatisch verbunden mit der trinitarischen Kirche: der streitenden Kirche auf Erden, der triumphierenden Kirche im Himmel und der leidenden Kirche im Fegefeuer.

Die Kraft, die ein wahrer Soldat Gottes in der streitenden Kirche gewinnt, ist so übermächtig, dass der Böse vor ihm davonlaufen wird. Deshalb ist es so wichtig zu erkennen, wo wir hinsichtlich dieser Trinität der Kirche stehen. Zu welcher Hierarchie gehören wir? Wer die Hierarchie des Lichts verlässt, landet automatisch in der Hierarchie der Finsternis. Es gibt nichts außerhalb einer Hierarchie; wir befinden uns entweder auf der Seite des Guten oder der des Bösen. Jemand, der von Leibwächtern umgeben ist, wird nicht so leicht zur Zielscheibe von Kriminellen. Gleichermaßen wird ein

Christ, der die Uniform eines loyalen Soldaten trägt und der seine Kraft daraus bezieht, dass er Teil der Armee Gottes ist, nicht von dem Teufel und dessen Armee belästigt werden.

Wenn wir unsere Kirche betreten, sollen wir unbedingt daran denken, dass Gott gegenwärtig ist und uns begrüßt. Wir können unseren Glauben nicht an der menschlichen Dimension der Kirche festmachen. Wenn wir doch nur die Schönheit des spirituellen Lebens während der Eucharistiefeier begreifen würden, die Anbetung des allerheiligsten Sakraments, die Kreuzwegstationen und jede Form der Andacht in unserer Kirche! Dann könnten wir eine Vorstellung von der geistlichen Nahrung gewinnen, die unsere Seele im Tempel erfüllt, während wir von unserem Exil aus nach dem Reich des Lichtes Ausschau halten. Das ist unsere Kirche, unsere Zuflucht.

Barmherzigkeit

Die mächtigsten Lichtquellen sind die liebevollen Taten, die wir während unseres Erdenlebens vollbringen. Um dies zu verdeutlichen, möchte ich Ihnen eine solche Handlungsweise aus meiner Kindheit vorstellen. Damals war ich acht Jahre alt und besuchte die Grundschule. Während der Pause saß ich im Schulhof auf einer Holzbank neben einem körperbehinderten Jungen. Die Gnade Gottes hatte es gefügt, dass ich in den Unterrichtspausen zu dessen Beschützer wurde. Viele Kinder hänselten und beleidigten ihn, als der Herr mir eingab, mich dieses hilflosen Jungen anzunehmen und ihn zu beschützen.

Während der Herr mir meine Fürsorge für dieses Kind zeigte, wurden all die Sünden, die vor Ihm zu Tage getreten sind, außer Acht gelassen. Es schien, als ob all das Handeln an diesem Kind vor dem heiligen Richterstuhl als ein einziger Liebesakt eine solche Gnade darstellte, die meine Sünden in einem Satz ausradierte. Ich sah jeden einzelnen meiner Fehltritte vor den heiligen Richterstuhl kommen und in der Gegenwart des Herrn verschwinden. Wenn ich es in menschlichen Begriffen ausdrücken soll, würde ich sagen, dass Liebe und Barmherzigkeit die Währung des Himmels ist.

Um in das Reich des ewigen Lebens einzugehen, bedarf es im Angesicht des Herrn nur der Liebe, die man im Laufe seines Lebens erhalten, geteilt und weitergegeben hat – und auch der Liebe, in der man sein Leid erträgt. Das Wesen Gottes ist die Liebe, und daraus empfangen wir die wahre Seelenspeise!

Barmherzigkeit ist eines der machtvollsten Werkzeuge, den Samen der Liebe auszustreuen, um unsere Seelen zu retten. Dieses Handeln der göttlichen Barmherzigkeit an einer verlorenen Seele wie der meinen lehrt uns etwas über den spirituellen Reichtum, der uns in dieser materiellen Welt umgibt. Der wahre ewige Schatz zeigt sich jedoch nur den Seelen, die im Licht wandeln und die wahren Werte des Geistes erkennen. All die Schätze des Himmels, die uns tagtäglich zur Verfügung stehen, verursachen die größten Leiden, wenn wir ihren Wert nicht erkennen, solange wir im Fleisch sind, um geistig davon zu profitieren. Liebe, Barmherzigkeit, Vergebung, Mitleid, Geduld, Toleranz und all die anderen heiligen Tugenden sind die Guthaben, die uns vor dem spirituellen Bankrott schützen. Sie machen in der himmlischen Bank unseren ewigen Reichtum aus.

Wir verbringen jedoch die meiste Zeit unseres Lebens damit, auf günstige Gelegenheiten zu warten, um uns mit realen Schätzen zu bereichern. Wir sind zu sehr damit beschäftigt, Materielles anzuhäufen, das irgendwann einmal kaputt geht, wenn es nicht schon vorher von Dieben gestohlen wird.

Im Mittelpunkt eines vollkommenen Aktes der Wiedergutmachung steht die Liebe. Alles, was infolge spiritueller Unwissenheit durch Sünde zerstört wurde, kann durch Barmherzigkeit wieder ausgeglichen werden. Dieser Akt der Wiedergutmachung kann verstärkt werden durch einen festen Vorsatz zur Besserung, indem das Herz, der Verstand und die Seele sich im spirituellen Kampf vereinigen, um die Sünde zu bekämpfen und der Gnade zum Durchbruch zu verhelfen – bei jeder Gelegenheit, an jedem Ort und unter allen Umständen.

Die Seele, die loyal den Weg Gottes geht, erwirbt das Wissen um Seine Barmherzigkeit und zieht den größten Nutzen daraus. Gottes Barmherzigkeit ist unerschöpflich. Er möchte jeder Seele Seinen Wunsch bekräftigen, sie möge sich von jeder Bindung an die Sünde befreien, so dass sie spirituell reich sein wird, wenn sie einmal das Fleisch verlässt.

Die Bilanz der Seele

Im Moment der Empfängnis erhält die Seele ein spirituelles Konto, in dem die Rechnungen aufgemacht werden und dessen Summe der spirituellen Gesamtbilanz ihrer biologischen Familie hinzugefügt wird. Dies ist das sogenannte „intergenerative Erbe". Wenn die biologische Mutter nicht in der Gnade Gottes steht und mit der von allen Vorfahren geerbten Schuld – dem Joch der Erbsünde – belastet ist, wird ihr Baby einen schwerer Lebensweg beginnen. Jeder Schritt wird Ungemach mit sich bringen, das in Konflikt zu seinen spirituellen Erwartungen vom Guten steht [Tugend, Gewissen]. Es sind Erwartungen, die von der Gnade herrühren, die der Seele innewohnt, bevor sie den Mutterleib verlässt und in einen Bereich eintritt, der von Sünde erfüllt ist.

Die Taufe befreit von aller intergenerativer Schuld, die Bilanz wird durch die Gnade ausgeglichen und der göttliche Richter eröffnet ein brandneues Konto. Wenn wir jedoch zu sündigen beginnen, verlieren wir die Freiheit, die wir in der Taufe durch den Heiligen Geist empfangen haben, und unser Konto gerät in eine Schieflage. Nach der Taufe besitzt jede Seele ein unbegrenztes spirituelles Potential – wie eine Schatztruhe, die mit Juwelen der Tugend gefüllt wird, die zweifellos zu einer spirituellen Bereicherung und Harmonie mit der materiellen Welt führen. Jeder spirituelle Schatz ist ein Gewinn für die materielle Welt. Eine Seele, deren spirituelle Bilanz nicht mehr mit intergenerativen Schulden und Verpflichtungen belastet ist, ist ein gesalbtes Wesen, gesegnet vom Heiligen Geist, auf die Gott Gnaden im Überfluss ausgießt!

Die heilige Jungfrau Maria

Alles ist in Jesus geschaffen. All die Zeit, die ich mich in der Gegenwart des Herrn befand, verinnerlichte Er den Himmel, umgeben von Engeln und Heiligen. Er wurde zur göttlichen Gerechtigkeit in Seiner unendlichen Barmherzigkeit. Die Jungfrau Maria erschien, von Gnade erfüllt. So wie Jesus mit Seiner Schöpfung verschmilzt und mir zu erkennen erlaubte, dass alles in Ihm ist, so enthüllte Maria alle Gnaden, die sie in Händen hält.

In einem dieser herrlichen Augenblicke, da Jesus in den Himmel verwandelt wurde und Unsere Liebe Frau mir erschien, verschwand die schmerzende, immer gegenwärtige Leere in meinem Herzen, die von einem Mangel an Liebe in meinem Leben herrührte. Die einzig wirkliche, rein mütterliche Liebe, die den Schoß des Geistes ausfüllen kann, ist die Liebe unserer himmlischen Mutter, denn diese Liebe ist vollkommen.

Seiner biologischen Mutter gegenüber empfindet man leicht zwiespältige Gefühle, die von der Erbsünde und der menschlichen Natur herrühren: Wenn ein Sohn in Problemen steckt und nicht weiter weiß, konfrontiert er womöglich seine Mutter mit der Frage, weshalb sie ihn überhaupt in die Welt gesetzt hat. Im Unterbewusstsein geben wir unserer Mutter die Schuld an der unumstößlichen Tatsache, dass wir geboren wurden, um zu sterben. Wenn wir unseren Lebenswillen ganz in die Hände Gottes legen, beginnen wir das Mysterium des ewigen Lebens zu verstehen und können allmählich unsere Sterblichkeit annehmen. Dann werden wir mit himmlischen Gnaden erfüllt sein und wiederum in dem neuen Adam und der neuen Eva alles für unsere Erhaltung und Bewahrung finden – in Jesus und Maria, die unsterblich sind, Quelle der reinen Liebe und das Tor zum Paradies.

Meine Begegnung mit der himmlischen Mutter war das größte Geschenk, das man mir machen konnte, besonders wenn man bedenkt, dass ich während meines irdischen Lebens von ihr getrennt war. Wenn wir während unserer Pilgerreise auf Erden die Liebe Mariens erfahren, erfüllt uns das mit einer unglaublichen inneren Stärke. Und die Sicherheit, eine Mutter zu haben, die unsere Rufe der Verzweiflung hört, die unser Leiden lindert und uns Prüfungen und Trübsale ertragen hilft, ist ein großer Segen.

Es ist traurig, wenn man Maria nicht als Himmelsmutter kennt, wenn man sie nur als Mutter Jesu und nicht auch als unsere Mutter anerkennt; denn die Pilgerschaft in diesem Tal der Tränen ist ohne sie sehr mühsam. Noch trauriger ist es, Sohn oder Tochter einer solch machtvollen Königin zu sein und sie nicht ins Herz aufzunehmen und die Gnaden abzulehnen, die sie so bereitwillig ihren Kindern schenken möchte. Wenn wir sie zur Königin unseres Herzens machen, erlauben wir es auch Gott – dem Einen, der im übertragenen Sinne zu einem Kreuz in ihrem Schoß wurde – in uns einzugehen. Sie trug in ihrem Schoß den Kalvarienberg (Golgota), die Kreuzigung und den Tod ihres Sohnes und das Kreuz selbst. Vor allem jedoch finden wir in ihrem Herzen den Sieg der Auferstehung und den Triumph über Satan. Maria ist die Hoffnung der Heiligen.

Um die Königin des Himmels im menschlichen Herzen willkommen heißen zu können, muss man sich auf den Weg der Heiligkeit machen. Wir müssen den Weg des Kreuzes durch ihre Augen sehen, denn sie war glaubwürdige Zeugin der herzzerreißenden Folter und des Todes ihres Sohnes. Sie musste ihren Sohn der Gewalt überlassen; sie war all die Zeit bei Ihm, als Er auf Seinem Weg nach Golgota getreten, bespuckt, gedemütigt, verachtet und geschlagen wurde. Sie stand bis zum bitteren Endes bei Jesus unter dem Kreuz – deshalb ist genau dieses Kreuz in ihrem Schoß und in ihrem Herzen lebendig.

Wie ich zu Beginn meines Zeugnisses erwähnt habe, war ich mit Maria durch eine spirituelle Nabelschnur verbunden. All das, was ich vom Himmel empfing, empfing ich zuerst von ihr. Und all das, was aus meinem Herzen zum Himmel aufstieg, ging durch sie hindurch. Gibt es denn ein besseres Tor zum Himmel und zu Jesus als die heilige Jungfrau Maria? Maria spielte während meines mystischen Erlebnisses eine so entscheidende Rolle und ließ es so bedeutungsvoll werden, dass ich ihr eigentlich einen eigenen Bericht widmen sollte, um dem gerecht zu werden, was ich hinter mir habe. Ich bete darum, dass der Herr mir die Gelegenheit geben wird, eine ausführliche Version über meine Begegnung mit Unserer Lieben Frau, der Jungfrau Maria, schreiben zu können.

Schluss

Irgendwann im Verlauf des vierten Monats nach meiner Entführung, nachdem ich den Rebellen alles, was ich nur aufbringen konnte, gegeben hatte (obwohl es viel weniger als der geforderte Betrag war), ließen sie mich wissen, dass sie auf Anweisungen für meine Exekution warten würden. Die nächsten zwei Monate verbrachte ich in ständiger Erwartung des Todes. Einzig die Art, wie ich zu Tode kommen sollte, enthielt noch ein Moment der Überraschung für mich. Wenn immer ich deshalb einen der Kriminellen sein Maschinengewehr reinigen sah, meinte ich, erschossen zu werden. Wenn jemand mit einem Seil vorbei ging, stellte ich mir vor, gehängt zu werden. Wenn ein Messer geschärft wurde, sah ich mich schon von Messern durchbohrt. Wenn wir uns in der Nähe abschüssiger Berghänge befanden, erwartete ich, hinab gestoßen zu werden. Ständig beschäftigte ich mich mit dem Tod, mindestens zwei Mal am Tag erwartete ich mein letztes Stündchen.

Eines Tages wurde ich um zwei Uhr morgens während eines sintflutartigen Regenschauers von dem Baum losgebunden, an den man mich gefesselt hatte, und aufgefordert, vieren von diesen Kriminellen zu folgen. Während dieser frühen Morgenstunden und den ganzen ermüdenden langen Tag führten sie mich durch eines der westkolumbianischen Regenwaldgebiete – ein bergiger, dunkler und unwirtlicher Dschungel. Spät am Nachmittag – die Sonne schickte ihre letzten Strahlen –, erreichten wir eine dunkle, nicht asphaltierte Straße. Die vier Männer wiesen mich an, dieser Straße zu folgen, ohne mich umzuschauen.

Grauen packte mich, denn anscheinend war mein letztes Stündchen gekommen. Auf wackeligen Beinen setzte ich mühsam einen Schritt vor den anderen und wartete darauf, dass der bedrohliche Knall eines Gewehres die Stille der Nacht zerreißt. Ich bat Gott um einen Kopfschuss, damit ich gleich tot sei und nicht tödlich verwundet allein auf einer einsamen Straße nach einem schmerzhaften Todeskampf mein Leben aushauchen müsse. Ich ging und wartete, ging und wartete, doch nichts geschah. Inzwischen lag schon eine beträchtliche Strecke hinter mir – was war los?

Als ich zu einer Straßenbiegung gekommen war, nahm ich all meinen Mut zusammen und warf einen scheuen Blick zurück. Ein völlig unerwarteter Anblick bot sich mir: Die Männer erklommen den Berg in Richtung des Waldes, aus dem wir gekommen waren! Ich beschleunigte meine Schritte. Darf ich es wagen zu hoffen? Für den Moment war ich frei, doch wie lange? Würde ich die Straße weiter unten von einer anderen Gruppe abgefangen werden? Mein Herz schlug schneller, als ich den Horizont nach Menschen absuchte, doch niemand tauchte auf.

Eine halbe Stunde später erschien merkwürdigerweise ein alter Bus, der wenige Schritte vor mir anhielt und dem etwas entstieg, was eindeutig nach einer weiblichen Partisanin aussah. Als sie sich auf den Weg machte, eilte ich auf die Türe des Busses zu. Sie schloss sich, als ich direkt davor stand. Ich stemmte sie auf, stieg ein und ging nach hinten, wo ich mich auf eine Bank setzte. In diesem Moment durchdrang es jubelnd meine Seele: Ich war frei! Gott in Seiner unendlichen Güte hatte mich bewahrt und mir eine zweite Chance gegeben! Der Albtraum war vorbei.

Nachdem ich mich einige Tage physisch und emotional erholt hatte, begab ich mich in ein Kloster der Unbeschuhten Franziskaner in Pereira, Kolumbien. Dort übergab mich der Herr den Händen eines heiligmäßigen italienischen Priesters, der sich mir als José Maria de las Cinco Llagas (Fr. Joseph Maria von den Fünf Wunden) vorstellte. Sein Name erfüllte mich mit unglaublichem Frieden, ebenso seine Worte der Lossprechung, nachdem er später geduldig meine lange Beichte angehört hatte. Was für ein gesegneter Tag! Was für eine tiefgreifende Freude war mir willfahren – die schwere Last all der über Jahre hin angesammelten schmerzlichen Sünden wurde von meiner ermatteten Seele genommen ... vergeben und frei – dank der Güte Gottes!

Ich verbrachte über ein Jahr damit, mein mystisches Erlebnis still in mir immer wieder nachzuerleben und nur mit dem Herrn darüber zu sprechen. Ich dachte fälschlicherweise, dies sei unser besonderes Geheimnis. Doch Er manifestierte sich mir während der Heiligen Woche in Bogotá, Kolumbien, und zeigte mir, dass alles, was Er mir während des mystischen Erlebnisses meiner Gefangenschaft in mein Herz gelegt hatte, weitergegeben werden sollte, und dass dies nun meine neue Lebensaufgabe sei. Er wartete auf meine Antwort. Schweren Herzens stimmte ich dem Herrn zu – nicht, weil ich dies nicht tun wollte, sondern weil ich mich aufgrund meiner schäbigen Vergangenheit unwürdig fühlte und nicht genau wusste, wie ich über das mystisches Erlebnis und all die Geheimnisse sprechen sollte. Wie kommt ein Sünder wie ich dazu, rund um den Erdball Gott zu bezeugen und weiterzugeben, was ich gesehen und gehört hatte und womit ich von Ihm bevollmächtigt wurde?

Ich wusste natürlich nicht, dass der Heilige Geist mein ständiger Begleiter und Lehrer in dieser frühen Phase meines spirituellen Reifungsprozesses sein würde. Dies sollte ich erst später erkennen. Ich wusste nur, dass ich ohne die Hilfe des Heiligen Geistes über all das nicht sprechen könnte. Es wurde von mir nur verlangt, dass ich treu sei, bete, das Wort Gottes lese und schließlich Zeugnis gebe. Gott versprach, dass Er sich natürlicher Mittel bediene wie meiner Sprache, Gesten und meines Sprachstils, um sich selbst darin auszudrücken.

Bisher habe ich in vielen Ländern Zeugnis gegeben. Ich habe auf das Versprechen des Herrn vertraut und es Ihm überlassen, das Thema und die Worte auszuwählen sowie die Örtlichkeiten und die Zuhörerschaft festzulegen. So überließ ich Ihm die Vorbereitung für jeden Vortrag. Ich werde dieser Aufgabe solange nachkommen, wie Er es möchte, trotz aller möglichen Hindernisse (Krankheit, spirituelle Angriffe u. a.).

Die Themen, die ich in diesem Buch durch mein besonderes Zeugnis angesprochen habe, sind unerschöpflich. Das Wissen der göttlichen Theologie ist ein endloses Geschenk – gewaltiger als die Schöpfung selbst. All die Engel, Seelen und Geschöpfe der Lebenswelt befinden sich in einer ewigen Bewegung hin zu der unendlichen Quelle des Schöpfers, zu ihrem Ursprung. So endet die Reise zu Gott niemals. Sein Wissen erfüllt die Seele mit unendlicher Gnade, Freude und Durst. Von der Liebe Gottes in Besitz genommen zu sein, mit einem spirituellen Hunger, der mit der Zeit immer erhabener, größer als irgendetwas Weltliches wird – das ist die Seele, die sich nach Gott und zunehmender Vereinigung mit Ihm sehnt. Was für ein großer Segen ist es, Gott treu zu sein, der so unendlich gut und barmherzig ist! Sollte das nicht unsere größte Tröstung sein? Gott, unsere lebenslange treue Stütze, möchte uns von der Sünde weg zu einem neuen Leben erwecken, so dass wir der Fülle der Wunder teilhaftig werden, die Er in dem Reich des Lichtes für uns bereit hält. So lädt Er jedes Seiner geliebten Kinder dazu ein, mit einer gesunden spirituellen Bilanz und absoluter Aufrichtigkeit vor das göttliche Gericht, Seinen Sohn, unseren Herrn Jesus Christus zu treten.

Ich bezeuge, dass der Herr lebt – in der Heiligen Dreifaltigkeit von Vater, Sohn und Heiligem Geist. Ich bezeuge, dass der Herr in unserem Leben wirkt, immer bereit, unsere Seele aus ihrem Exil zu befreien und uns in Sein himmlisches Reich zu erheben. Die Barmherzigkeit Jesu kennt keine Grenzen; Er vergibt uns unsere Sünden und Seine Herrschaft wird niemals enden.

Ich bezeuge ebenso, dass es den Teufel gibt, eine Engelskreatur, die aus der Gnade gefallen ist. Er ist der Feind unserer Seele, der Fürst einer höllischen zukunftslosen Hierarchie, der niemals müde wird, alles in seiner Macht Stehende zu tun, um schlafende und dienstbeflissene Seelen in sein Reich zu schleppen – ein Reich ohne Frieden und Freude. Gleichzeitig bezeuge ich, dass Jesus den Teufel schon besiegt hat und dieser Feind unserer Seele über keinen von uns irgendwelche Macht besitzt, der an Jesus Christus, unseren Retter und Erlöser, glaubt. Wer jedoch – so wie ich bei meiner Begegnung mit dem Herrn – in schwerer Sünde lebt, hat sich dem Teufel versklavt und befindet sich in unmittelbarer Gefahr, verdammt zu werden.

Ich bezeuge, dass ich aus der Dunkelheit gerettet wurde und niemals wieder all die Schätze der Welt gegen den wahren Schatz, den ich gefunden habe und in meinem Herzen bewahre, eintauschen würde: Jesus.

Ich werde auch weiterhin mit meinem Leben und mit dem, was ich gesehen habe, der Welt Zeugnis geben, wo immer der Herr mich hinführt – bis zu dem Tag, an dem Er mich wieder in Seine Gegenwart ruft. Ich bitte den Heiligen Geist, der mich dieses Buch schreiben ließ, all die zu segnen, die es mit Liebe und einem offenen Herzen lesen. Ich bitte Ihn, die Bilanz Ihrer Seele auszugleichen, damit Sie zu Zeugen des Lichtes werden und das Reich erben, das schon mitten unter Ihnen ist, das Ihnen gegeben wurde, damit Sie sich zu Jesus als Ihrem König und Herrn bekennen.

Möge der Herr Sie alle segnen, liebe Leser. Möge der Herr Sie in Seinem Licht bewahren. Möge Er Ihnen und den Ihren gnädig sein und es Ihnen gewähren, ein fruchtbarer Apostel Seines Reiches zu sein und allen verkünden, dass Christus der Herr ist!

Nachwort

Im Jahre 1999 begann Marino Restrepo seine Vollzeit-Mission, nachdem er während der Messe am Palmsonntag ein weiteres mystisches Erlebnis mit Jesus, dem Gekreuzigten, hatte. Mittlerweile legt er nicht nur Zeugnis über sein mystisches Bekehrungserlebnis ab, sondern lehrt auch über verschiedene Themen, in die er ein tiefes eingegossenes Wissen besitzt. Er spricht oder hält Einkehrtage überall dort, wo er eingeladen ist, und lebt ganz nach der Vorsehung Gottes und im Gehorsam gegenüber der katholischen Kirche.

Seine Mission wird von seinem Bischof Monsignore Roberto Ospina und anderen Autoritäten der katholischen Kirche in seiner Heimat und im Ausland unterstützt.

Marino gründete die Laienorganisation „The Pilgrims of Love" – „Pilger der Liebe", die sich um wirtschaftliche Hilfe für die Ausstattung der Kirchen in den armen Regionen Südamerikas bemüht und Messkelche und liturgischen Gewänder sammelt, die anderswo nicht mehr gebraucht werden, ebenso alle Arten von Devotionalien für die Mission unter den Armen.

Marino kümmert sich mit Hilfe seiner Organisation auch um die physischen Bedürfnisse der Armen, er sorgt für die Beschaffung von Nahrungsmitteln, Kleidung und medizinischer Versorgung. In vielen armen Gemeinden ermöglichte er den Bau von Kirchen und Schulen.

Die Andachten, die Marino hält, sind Empfehlungen, die ihm bei seiner mystischen Erfahrung während der Gefangenschaft gegeben worden sind:

- Der tägliche Rosenkranz (Psalter)
- Der tägliche Rosenkranz zum Jesuskind von Prag
- Der Rosenkranz des hl. Erzengel Michaels
- Das Exorzismusgebet des hl. Patrick
- Tägliches Lesen in der Heiligen Schrift, in Heiligen biographien, in den Schriften der Krchenlehrer
- Stille Anbetung vor dem Allerheiligsten Altarsakrament

Als besonders wichtig hebt Marino das Sakrament der Versöhnung, die Beichte, hervor, wie auch die Verehrung des göttlichen Jesuskindes, die sehr wichtig für das geistliche Wachstum sei.

Internet-Adresse: *www.marinorestrepo.com*

Geist der Sanftheit
Alan Ames

Worte vom Heiligen Geist u.a. über die Gnaden bei der Anbetung, Gottes Wirken in den Seelen usw. Außerdem kurze Impulse des Heiligen Geistes zu Spiritualität und Alltag, offene Briefe von Alan zu aktuellen Anlässen, Interviews u.v.m. *240 Seiten, broschiert*

Beter am Straßenrand
Wanda Skowronska

Sie stehen weltweit vor Abtreibungskliniken, informieren und beten – für ungewollte, abgetriebene Kinder, für die Mütter und die Familien: Die „Helfer für Gottes kostbare Kinder". Dieses Buch gibt einen Einblick in den historischen und spirituellen Hintergrund dieser Gebetsgruppen auf den Straßen, informiert über ihre Art zu beten und was dabei geschieht.

224 Seiten, broschiert

Vom Mutterschoß ans Vaterherz
P. James Mariakumar SVD

Das Wort Gottes hat Antworten auf unsere Probleme, es ist lebendig, mächtig und heilsam. In enger Anlehnung an die Bibel zeigt der Steyler Missionar, wo die Ursachen innerer Verletzungen liegen. Weitere Themen: Vergebung, Gottvertrauen, Gottes Gegenwart erleben, rechter Gebrauch der Zunge, Beichte und Eucharistie.

192 Seiten, broschiert

Ich will selbst kommen
P. Kevin Scallon

Humorvoll berichtet der langjährige Missionar P. Kevin von seinen Abenteuern im priesterlichen Dienst auf vielen Kontinenten und erzählt von Wundern, die Christus durch seine Priester wirkt. Ein spannender Bericht mit vielen Fotos.

224 Seiten, broschiert

MIRIAM ⊛ MIRIAM

Brühlweg 1 · D-79798 Jestetten
Telefon: 0 77 45 / 92 98-3
Fax: 0 77 45 / 92 98 59
eMail: info@miriam-verlag.de
Internet: www.miriam-verlag.de